HOW TO SWEET-TALK A SHARK

BILL RICHARDSON & KEVIN BLEYER

上海译文出版社

白宫谈判专家的十堂课

[美] 比尔·理查森　凯文·布莱尔　著
杨懿晶　译

献给我的妻子芭芭拉，

感谢她过去四十一年伴我度过了风风雨雨

目 录

引　言

比尔·理查森，处理暴徒的副部长

我曾为一个我能想到的最棒理由被召去白宫：自由世界的领导人将要在电视上为我美言几句。此外，他还希望我在他发言时站在他身侧。

我乐意效劳。

白宫新闻发言厅里挤满了人，我们站到各自的位置上，架设好的摄像机开始运转，镜头也对准了，总统站上了讲台："所有美国人都怀着钦佩之情，"他开口道，"看着比尔·理查森（Bill Richardson）"——那就是我！我有点忍不住想要脱口而出——"完成了从朝鲜到伊拉克，全世界范围内最艰巨也最棘手的外交任务。"尽管那是近二十年前的事了，我仍记得听到他说这些话时油然而生的骄傲。

那是1996年的12月——尽管那是一个"黑色星期五"①——那天本该成为我的幸运日。比尔·克林顿（Bill Clinton），我的总统——至少在那个时候，也是我的朋友——将要向白宫的整个新闻团队宣布：我，这个深色皮肤的国会议员，有着出人意料的类盎格鲁人的姓氏发音②，将会成为他"看起来像美国一样的"内阁的最新成员③。任何一个爱国者都会梦想类似这样的一天，更不用说一个来自墨西哥城④的小男孩——要不是他父亲认为有必要把他即将临盆的母亲送到国界那头的帕萨迪纳⑤，他甚至本有可能永远无法取得美国国籍。

我父亲希望让我得到他在很久以前就已取得的东西。他希望我成为一个美国人，从出生的那一刻起就是，并以此为傲。

今天的保守派们会把我这样的人叫做“定锚婴儿”(anchor baby)⑥，他们还会用嘲笑的口吻说出这个词——好像用任何方式，即便是由《美国宪法第十四条修正案》提供的无需抱歉也无可争辩的方式取得美国国籍都是一件需要感到羞耻的事⑦。说的没错——我是一个“定锚婴儿”，但我也是“美国梦”的一个活生生的例子。因为，在白宫的那天，我的幸运日，我将要更进一步：应总统本人之邀，成为美国总统行政部门中的“定锚”。

但克林顿总统在这个场合要做的可不仅仅是任命。他还总结了引领我抵达此刻的独特的人生轨迹——在高风险的境外营救任务和全心投入的本土勤务之间来回斡旋：“就在本周，”他继续道，带有几分诙谐之意，“理查森议员还被困在苏丹，一个反叛首领的小棚屋里，啃着烤山羊肉，为释放三名人质进行谈判。今天，我骄傲地任命他成为我们下一任的驻联合国大使。”

众所周知，克林顿总统不是个多言的人。而他也只需要几个词语就能把我定义成一个游移在两个世界之间的人。

---

① 在西方文化中对任何月份的13日逢星期五时的称谓，迷信者认为是不幸的日子。——译者

② 指发源于欧陆地区的姓氏，通常只有白人才会使用。——译者

③ 克林顿曾在1992年承诺要组建一个“看起来像美国一样的”内阁，即其中既有妇女，也有黑人和少数族裔，但最后还是沿用了以白人男性政客居多的惯例。——译者

④ 墨西哥的首都。——译者

⑤ 大洛杉矶地区的一个中等大小的卫星城市。——译者

⑥ 指父母都没有美国国籍的家庭的子女，通过“出生公民权”得到美国国籍，而孩子的父母就被称为“锚族”，孩子在年满21岁后就可以为父母和兄弟姐妹申请美国绿卡。——译者

⑦ 《美国宪法第十四条修正案》规定，任何在合众国出生或归化合众国并受其管辖者，均为合众国及所居住之州的公民。——译者

谈判专家。人民公仆。

再加上狂热棒球爱好者和双向飞碟射手，你就已经对我有了大致的印象。（而且你还描述了我的理想周末。）

总统说的没错。我是一个矛盾体。我允许这种情况的存在。我欢迎它的存在。我常说我是一个处于“两世之间”的人。我身上有着明显的墨西哥裔特征，但我也喜欢我的姓氏会造成的模糊的暗示——类盎格鲁后裔的理查森，来自我父亲的馈赠。他是一名美国银行工作者，在遇见我墨西哥裔的母亲后移居到了墨西哥城。父亲为我提供了浸淫在两个国家、两种文化中的机会；生活在墨西哥时，他甚至同时缴纳美国和墨西哥的赋税，尽管他可以轻易且合法地避免后者。我们住在科约阿坎①，一个并不豪华的社区，但我父亲在银行的丰厚薪水足够我们聘用一个司机和一个厨子。我和所有同学都相处得不错，无论他们是贫是富，是墨西哥当地人还是美国移民。在还是个年幼的孩子时，我的英语就说得相当流利，但我的梦里却回荡着西班牙语。我父亲是个锋芒毕露的人，而我母亲则相对温和些。如今，我愿意把自己看成父亲偶尔的暴脾气和母亲始终如一的优雅之间快乐的调和物，但更准确的说法也许是我也由着自己的性子在两头转换。在谈判的过程中，矛盾体可以派上用场：好警察和坏警察，合二为一。

合众为一。

合众为一。②

---

① 墨西哥联邦区（墨西哥城）十六个区之一，位于联邦区中部。“科约阿坎”来自纳瓦特尔语，意为“有郊狼的地方”。——译者

② 第一句的原文为西班牙语（Todos en uno），第二句为拉丁语（E pluribus unum）。这句话是美国国家箴言，印制在摩根大银币的边缘。——译者

* * *

故此我把总统那天的话牢记在心。他说的一点不错——我在白宫新闻发言厅和在那个首领的棚屋里一样如鱼得水。我转换在两个角色之间：为公众服务，也在大半个地球以外的地方寻求和解。

的确，从实际意义而言，普通人也许不会想象自己身处一个位于苏丹郊区的反叛军首领的棚屋。这么说吧，普通人绝对不会想象在那样一个地方发现自我。然而，通常正是这些地方最能让我感到轻松自在。在那里，我展现出了自己最为独特、或许也是最有用的才能：谈判。正如我常说的，谈判关乎的是在两个不同的世界间架起桥梁，调和种种矛盾，在甚至最不寻常的地方寻求一致之处，促成一桩公平的交易。

事实上，我要给你们一个提议。

是这样：在后面的篇幅里，我会向你们展示我是如何谈判的。我会教授给你们的经验，是我在世界各地的首领棚屋、海外大使馆、外交部和大使宅邸里通过艰难的方式习得的。不过放下那支笔。这儿可没什么正式的课程计划，那不是我的风格。把那支黄色记号笔也丢开。没什么重点是你非记不可的。坦白说，我自己也记不住它们。

我向你保证，这堂课绝不会让你感到不自在。我会教你如何谈判，而你要做的就是好好坐着，听我复述几段我在世界各地的旅行故事，以及我自己和世界上最著名的——还有最不为人所知的——角色的谈判经历。但愿从现在起，我们将会达成一种在执行会议室里被称作“双赢”的关系：你会学到几招诀窍，明白如何得到自己想要的——通常是从那些不想把它给你的人手里——而我则会通过回忆我与地球上权力最大的领导人之间偶尔荒唐可笑的、高风险的遭遇，尽享重述的快感。

我并非在自夸。如你所见，我的有些故事是成功的传说，有些则是明显的败北。遗憾的是，我也犯过错。我之所以能取得几次“本垒打”——压倒几个人——那也是因为我有相当数量的绝招。

同样，我也必须承认，即使取得了胜利，它们也并非毫无瑕疵。很难获得一场完美的胜利，或完美的和平。有时你能期望的最好的情况就是达成一个协议，无论何种协议——某样能够建立一种共事关系的东西，好让事情往前推进——然后再来一次尴尬的握手。（想想吧，一次完美的胜利甚至比一次完美的握手更罕见，而后者，我们都心知肚明，几乎是不可能的。我肯定不曾有过完美的握手经历，而我还保留着握手次数的吉尼斯世界纪录，我们会讲到那里的。）

在任何境况下的谈判都是微妙的、复杂的，而且往往缺少明确的胜利标志——除了最后并不完美的握手、在虚线上方签了名的有效契约，或是穿越边境回国的航班。因此，归根结底，没有任何不可违反的法则能够依赖。我不会假装这类法则存在。要是有，谈判就会变得容易。一台电脑都能替我们谈判，还会出现类似的应用程序。

在与人打交道时，要面对我们作为人的小缺点、利己主义、自负和错误，有时唯一的选择就是丢开所有选项临场发挥。那正是让谈判变得如此引人入胜，偶尔还趣致盎然的地方。在现实生活中，在教室以外的地方从事这项工作，谈判关乎的是实时的协调，是让事情变为可能的艺术。它并非寻求绝对的和平。（或许正因如此，尽管我曾五次得到诺贝尔和平奖提名，却从没胜出过。）

并非我所有的谈判经历都能登上头条，虽然其中一些确实成了重大新闻——而且并不总是我曾暗自期待过的那些。但我把它们带到你们面前，是因为每个故事里都蕴含着数不尽的关键时刻——适于传授的时刻——让你们看到人们在一次谈判中是如何表现的，我们从彼此身上索求什么，我们愿意放弃什么以得到自己想要的东西。我能为你提供的最好的东西就是一堂由案例——或者，更确切地说，由一打案例构成的课程。每个事例都包含了无数可能引领谈判走向失败或成功的时刻。把这堂课看作“如何采用一百个简单步骤进行谈判”吧。

* * *

在总统发言过后，我，同样，在 1996 年的那天站上了白宫新闻发言厅的讲台。自然，我想要感谢他的溢美之词，并一一说明我作为最新一任联合国大使希望实现的目标。但即使是我也不太记得自己在那个特别的时刻说了些什么，因为就在我准备全情投入演说的那刻，我的朋友，比尔·戴利（Bill Daley）——一名同样在那天接受任命的同事，他的职位是商务部长，在前面几分钟里一直僵硬地站在总统身边——突然昏了过去，瘫倒在讲台前方。美国公共事务有线电视网[①]保留了那段镜头的带子：我还没说上三句话，比尔的双膝就软了下去，他摔倒在地板上，发出“砰”的一声。不久前他才刚接受了自己的任命。不管怎么说，那可不是他最棒的时刻。

然而，必须说明的是，那也不是我的时刻。镜头记录了我的一举一动，同样好不到哪儿去。我没能迅速行动，阻止我的朋友摔倒在地——毕竟，考虑到我是离他最近的人，我本来最有可能接住他——相反，我目瞪口呆地站着，愣在讲台上，不确定该干点什么。有线电视网抓拍到了比尔尴尬的跌倒，但他们也没放过我。比尔倒下的瞬间，他们的摄像机停留在我脸上，定格住了，而其他

---

① 美国公共事务有线电视网（C-SPAN）是美国一家提供公众服务的非赢利性媒体公司，由美国有线电视业界联合创立。——译者

人则冲过去援救比尔，尽管稍微迟了点。

砰。

到今天为止，有线电视新闻网的沃尔夫·布利策（Wolf Blitzer）——当时他坐在第一排——都坚称他实际上及时接住了比尔，避免了他与地面的直接接触。我记得的版本可不是那样——还有，沃尔夫，抱歉，我得说，那也不是镜头记录下来的情况——尽管我不能跟沃尔夫争辩他记得的另一件事情："比尔，"他总还是在不断地提醒我，"你可什么都没干！"

那是真的。

我能说什么呢？尽管我喜欢把自己想成那种有相当出色的反射神经的人，可急救并非我的专长。就算过去在高中的棒球场上，我也是个更棒的投手，而非捕手。谈判是我的专长，而那一刻，在比尔和地心引力之间可没什么条件好谈。

我所掌握的无论哪种谈判技巧往往都是由意外和环境促成的，是一时兴起的灵感，而且经常出乎我自己的意料，但它们都已在过去二十年高风险的外交生涯中，在地球上某些最遥远的角落里，得到了很好的磨练。几十年来，无论何时何地，只要有难题出现，我都是那个"最有力的击球手"。我驳倒过非洲的疯子。我拿下过东欧的专制者。我和倒台的专制者来过硬的，也曾让强硬派缓和下来。我和恐怖分子交谈过。据说我有可能是唯一一个定期穿越朝韩非军事区①的美国人。（事实上，你必须经由北京机场飞过鸭绿江进入平壤，在此之前还必须先去一趟朝鲜人民共和国驻中国大使馆。我们稍后会谈到这点的。）

---

① 又称"三八线"，是指一段横越朝鲜半岛、作为朝鲜和韩国缓冲区的地带。1953年7月27日在经历将近三年的朝鲜战争后，中朝迫使美国在朝鲜板门店签订《朝鲜停战协定》，在"三八线"附近沿临时军事分界线两侧各两千米建立非军事区。——译者

说得明确点，我被要求建立的渠道通向了那些未知的地点——古巴、苏丹、刚果、孟加拉国、缅甸。

我的谈判对手通常都是些难以接近的人——菲德尔（Fidel）[1]、萨达姆（Saddam）、乌戈（Hugo）[2]、一两个金姓家族的人。

曾经，作为克林顿政府的众议院情报委员会成员，我的手机快拨键上有太多蔑视人权的人，导致我成了“处理暴徒的副部长”。我把这个称呼看作对我的称赞。它证实了我最主要的工作理论——一个你会在这本书里反复看到的理论——我们几乎总能从谈话中获益，即使是与我们的敌人。

无论我的身份是政府的一名公派外交特使，还是人道主义任务中的一名普通公民，我正是以那种方式找到自己的用武之地——一个愿意与哪怕最具争议的对象进行对话的人。

通常，当我以非官方身份活动时能发挥更大的作用，游离在政府和人道行动之间的地带。“有时，在外交活动中，你需要一块遮羞布，”正如当时的布鲁金斯学会[3]主席理查德·哈斯（Richard Haass）在我被任命为联合国大使前所说的，“他并非直接身处于行政部门之中，而是以某种形式与之发生联系”——游离于中间地带，你可以这么说——“这是个很大的加分项。”

谈判专家。人民公仆。棒球爱好者。双向飞碟射手。遮羞布。

都不错。

当然，这些无一能够帮到可怜的比尔·戴利。尽管自那时起我忠实履行了自己作为一名谈判者的使命，那天唯一的“共同点”就

---

① 指古巴前领导人卡斯特罗。——译者

② 指委内瑞拉前总统查韦斯。——译者

③ 布鲁金斯学会（Brookings Institution），美国著名智库之一，其总部位于华盛顿，是一家研究公共政策的非赢利性组织。该机构宗旨是开展高质量的独立研究，并据此提出具有创新精神和实用价值的政策建议。——译者

是他的鼻子找到的地板[1]，当着一屋子人的面，电视还在直播。

比尔笑到了最后。晚些时候，当我半开玩笑地指责他在我的时刻抢走了本该聚焦在我身上的聚光灯，他坚称自己之所以会昏过去，都是因为我的就职演说太无趣了。或许他说的没错。

我向你们保证，也许我在1996年的那天没能帮到新上任的商务部长，但我相当肯定自己会对今天的你们有所助益。在我遍布世界的谈判经历里，我收集了一些无法从教科书里学到的宝贵案例，揭示人们在高风险、低信任，而沟通能力充其量只是凑合的时候会如何作为。尽管并非所有的谈判经历都生死攸关，但其中一些是的——并非“谈判入门”的常规课程。在我的生活中，“谈判力”[2]——还是借用一下两名哈佛学者撰写的畅销谈判手册的标题——或许还包括“到苏丹的反叛军首领棚屋去”或“在反叛军关闭机场前赶到那里”。我能向你们保证，那跟哈佛俱乐部的经验相去甚远。

对他们而言，充斥着商业书籍畅销排行榜的谈判类书籍讲授了宝贵的经验，但那些经验大多只在你的谈判对手是冷静的、条理清晰的、愿意合作的伙伴时才有用。理性的行动者，与有合作意愿的伙伴谈判，希望达成一项公平的交易。

尽管我远在异国的谈判对手中确实有不少是诚实的协商者，挂念着他们国民的生命，但更多的人却是自恋的暴君和渴求权力的专制者，他们比起国家更在乎自己的利益。（实际上，任何谈判中最首要的步骤之一就是明确谈判的内容以及谈判的对象。）在我将要分享的这些经验中，只有一个共通点：它们都是自艰难中习得的。它们提炼、拣选、成型自与地球上某些最难预判也最不讲理的人对

① “共同点”的英语为common ground，与“地板”（ground）同形，这里是作者玩的一个文字游戏。——译者

② 《谈判力》（*Getting to Yes*）是哈佛大学教授罗杰·费希尔（Roger Fisher）和威廉·尤里（William Ury）共同编写的一本教授谈判技巧的著作。——译者

坐的经验。

但正因如此，我所提供的经验比你能从其他书里学到的任何谈判课都更实用。因为，坦白说吧：你的生命里满是无法预判又不讲理的人。你的上司、你的配偶、你的孩子、你的邻居——当然，他们并不指挥军队或统治国家，但他们把个人独有的力量施加于你，而且毫不迟疑地、随心所欲地试图以此对你产生影响。

看看周围：你和“独裁者”生活、工作在一起。

“阴谋家”。

“自恋者”。

因此，尽管我在这些纸页上描述的谈判对手或许生活在非常非常遥远的地方，他们对你而言也许就是那样陌生，你依旧有可能从他们的行为中辨认出你每天都在与之抗争的东西。无论是你的丈夫、你的妻子或你永远固执己见的处于青春期的儿女，他们都不想伤害你。你爱他们，但你也知道他们的行为难以用理性定义。在餐桌上可没什么“罗伯特议事规则”① 可言。在真实的世界里呢？在工作中呢？在买房子、车子、智能手机的时候呢？每件事都是一次谈判。

所以，这是我的提议。如果你选择接受它，那就继续读下去。我相信你会发现这些故事的有趣程度一如它们的实用性。我也希望你会认同，它们传授的经验——尽管为了取得这些经验，我穿越了大半个地球，在或远或近的国家付出过艰辛的努力——能够让你在生活中自如地运用，帮助你有效地跟自己生命中的那些无赖、饭桶、小偷、暴徒、“独裁者”和“专制者”——还有，是的，你爱的人——周旋。

---

① 由亨利·马丁·罗伯特（Henry Martyn Robert）等出版于 1876 年的会议守则，以美国众议院的规则为基础，考虑了一般社团组织的实际情况，已然成为美国事实上的“一般议事规则”。——译者

1

克林顿一家

前车之鉴

我看到你已经接受了我的提议。

新手的错误。

最先提出的很少是最棒的提议——这是谈判的第一要义。我父亲曾告诫过我上千次——而我作为一个狂热的棒球爱好者，完全能够理解——永远别在第一投挥棒①。可你挥棒了。那也没关系。

不管怎么说，我们都会犯错。我犯错的次数当然也超过我与你们分享的。我们往往能从失败而非成功中学到更多——老生常谈，却恰恰是对的。为什么？挫败的痛楚远比胜利的喜悦更能刺痛我们，它往往更有力量。我永远不会再那样做了，我们告诉自己，等着看我下一次上场击球吧。

或许我犯下的最大失误，最大张旗鼓的一次挥棒落空——对你我有着同样的警示作用——是在 2008 年，当时总统大选的竞争开始升温。我对自己说，之所以会犯下这个错误，一个谈判老手——我——应该懂得如何避免的新手的错误，是因为事实上我并非那个实际在谈判的人。相反，我是被谈判的对象，由我遇到过的最好的谈判者之一：就是那个人，曾在1996年任命我为联合国大使。众所周知，这个人能够就任何事谈判，完全懂得如何定义“什么‘是’什么”，并在那次简直令人难以置信的辩论中胜出[②]。

因此，我告诉自己，我败给了一个谈判大师。

而真相是，我错失了一个简单的滚地球。

* * *

2008年1月末，前总统比尔·克林顿给我打了电话，通知我说他想再见我一次。只是这次，与1996年时不同，他不是要召我去白宫——当时住在那里的是另一个家伙，他唯有作为我的总统竞选对手的伴侣才有机会再次进驻那里。但他坚持提议我们应该会面——不是提议，他坚决要求——他会飞到新墨西哥来跟我当面交谈。他有一个足够好的借口：他建议我们一起去看“超级碗”[③]。2月3日，纽约巨人队将在亚利桑那州的格伦代尔[④]迎战新英格兰爱国者队。那无疑会是一场精彩的比赛。但要是按照比尔坚持的——而在那天，他无疑准备好了要那样做——那个下午最重要的娱乐活动将要发生在圣菲[⑤]，而且同样将会由电视进行直播。是的，与1996年时如出一辙，他想要在电视上发表一些关于我的言论，而我会站在他身边。

然后，他想要我说一句他已经为我准备好的台词：

“我公开支持希拉里·克林顿(Hillary Clinton)竞选总统。”

---

① 在棒球比赛中，击球手有三次机会，少有人会在第一投就挥棒击打，因为尚不知投手的功力，很容易出错。在谈判中引申为较为激进、无所畏惧的做法。——译者

② 此处应暗指1992年与老布什的总统竞选电视辩论。——译者

③ 即美国国家橄榄球联盟的年度冠军赛。——译者

④ 亚利桑那州中南部城市。——译者

⑤ 新墨西哥州首府。——译者

那也许是一个“超级碗”星期天[①]，但同样也是如火如荼的初选中段的关键时刻，随便哪个下注的人都知道他这次拜访的真正目的。我在此前一个月宣布了退选，自那以后，就一直疲于应付来自各方寻求我公开支持的邀请。希拉里的电话、巴拉克的电话，就连泰德·肯尼迪(Ted Kennedy)都打来电话，请我支持奥巴马。但比尔是最积极的。自我宣布退出后，他找了好几个借口到新墨西哥来“顺便拜访”。但这次是他的奋力一投。我们会看“超级碗”，不过是在圣菲：比尔·克林顿会亲自出击，在新墨西哥州预选会[②]和“超级星期二”[③] 前两天，恰合时宜，他会对我施加比其他人更多的压力，确保我会公开宣布支持他的妻子竞选总统。

唯一的问题是：我并不打算合作。

我确实试着处理了比尔来访造成的种种猜测——对任何可能对此感兴趣的人，以及比尔本人。首先，我委托我的发言人帕尔·希普利(Pahl Shipley)告诉美联社：“此行不传达任何信息。”就是两个老朋友聚到一起看体育比赛——过去比尔和我曾这么做过上千次了。(确切地说，我们并没有。)

然而尽管我表现出了明显的犹豫——或许是我在打消他的念头这方面做得太差，比尔仍然认为他能够通过谈判从我这里得到一次

---

① “超级碗”星期天(Super Bowl Sunday)：“超级碗”一般在每年1月最后一个星期天或2月第一个星期天举行。——译者

② 预选会是地方一级的会议，目的是由来自市、镇或郡县的注册党员共同决定对某一候选人表示支持。在州或联邦公职竞选中，这些预选会的表态结果决定了这个州内该党派支持的候选人。预选会与党代会的一个不同之处在于它在很多地点同时举行。无论是民主党还是共和党，都有自己规定的预选会规则，这些规则也因州而异。——译者

③ 美国总统大选年若干州初选的日子，即3月的第二个星期二。在很多州，唯有事先参与了政党登记的选民才可以参加，因此初选更多的是一种“党内”选举。对于两大党的候选人来说，赢得初选等于赢得了党内提名，也就等于入主白宫的努力成功了一半。——译者

公开支持。他甚至对当地记者说会有一个新闻发布会：他预计到中场休息时就能让我同意做出公开支持的表态。

我知道他不会成功的。

但我还是任由他那么做了。

我还是让他来了。

尽管情势变得复杂，我还是让他来了。

尽管一场强暴风雪导致前总统的航班无法降落在陶斯城①，我们于是匆忙把会面地点改在州长位于圣菲的官邸——换句话说，在我有足够借口取消这次会面的时候——我还是让他来了。

我依然让一名前总统一路飞来新墨西哥州，耗费了他大量的时间、资金和声誉——像他们在战时说的，牺牲生命和财富——当全世界都心知肚明他此行的目的，我却并未介入其中喊停这一切。

新手的错误。

* * *

总统比尔·克林顿，有时他是我的朋友，其他时候则成了我的敌人。他是一个在各方面都达到极致的人。

有关他的大部分溢美之词都是正确的。他是当代最有天赋的政客这一说法几乎无可争辩。直到今天，他还有难以比拟的能力，足以在一个房间里席卷而过，迷倒与他见面的每个人。等他终于离开的时候，已经照顾到了他的每个选民——我们都是他的选民——为每个人拨出了恰到好处的时间——不多，不少——用几句精挑细选过的话语和更精心设计过的动作来提醒我们，在这次会面后，生活会变得更美好。他留下的并不仅仅是某个重要人物经停的感觉，而

---

① 位于新墨西哥州边陲的古镇。——译者

是刚才有重要的事发生了。

即便那只是一次握手。

是的，关于握手，有些事情值得一提。他能给你政界最棒的握手。（我本应该想到的。我是吉尼斯握手次数纪录的保持者。不过我们会再说回到这里的。）

他的演讲，就算在最拐弯抹角、最空洞无物的时候，也让其他滔滔不绝的演讲者哑口无言。在这方面他变得越来越强：他在2012年美国民主党全国大会上的主旨发言——和往常一样冗长，却让屋梁都为之颤栗。

每个人——男人和女人——都说在和他一对一相处时，他们会迷失在他的凝视里。他们不可能都错了。

很简单：他天生就是当政客的料，而且他干得比谁都好。他在对人施加影响方面几乎从不失手。我的大半政治生涯都是在克林顿执政期间度过的，对此我有第一手的经验。当我被挑选为内政部长候选人时，他和我曾就我期望在任期内推行的土地使用问题进行过探讨。他对美国原住民事务面面俱到的了解令人畏惧，而且显然有备而来。我记得自己想过：嘿，等等，我以为我才是新墨西哥州人①。我自诩是一个相当热心的棒球迷，但有一次他曾把我置于尴尬的境地：我把他介绍给卡洛斯·斯利姆（Carlos Slim）②，而他们两人就最深奥难解的棒球数据展开了一次深入讨论，我没法跟上。比尔也许是唯一一个读过《北美自由贸易协定》③全文的人。他当然

① 新墨西哥州曾是墨西哥的一省。该州有许多西班牙裔的居民，亦有不少的美国原住民。新墨西哥州早期原为印第安人中的纳瓦霍族、阿珀切族、普埃布洛族、犹他族、吉卡里拉族等民族的居住地。——译者

② 墨西哥电信巨头，2015年“福布斯富豪榜”排名第二位。——译者

③ 《北美自由贸易协定》（*North American Free Trade Agreement*）是美国、加拿大及墨西哥在1992年8月12日签署的关于三国间全面贸易的协定，1994年1月生效。——译者

也是唯一一个能够精确引用它的人，凭记忆。

他是一块海绵。

他也是一个言而有信的人，至少就职业领域而言。他遵守自己许下的政治诺言，即便那会造成麻烦。在这方面，他知道私人接触的价值。在选择不任命我为内政部工作后，他给我打了电话。

“你感觉怎么样?”

他早就知道我的感受。“实话实说，比尔，这叫人心痛。”

他感受到了我的痛楚，以他能够做到的方式。

“我明白。不过耐心点。运气总会轮到你这边的。”

就我的情况而言，运气来了两次。我确实耐心等待了。三年后，比尔把我从苏丹的一个牧人小屋里救了出来，还任命我为美国驻联合国大使。接着，在 1998 年，他任命我为能源部长。他感觉自己欠我的，就算在好多年以后——其他人可能早就忘了的时候——他完全地弥补了我。

所以，是的，比尔·克林顿是最棒的天才政治家，也是一个有很多优点的人。但在硬币的另一面——那枚有朝一日可能会印上他的头像的硬币——你也不得不把那些有关他的令人不快的言论纳入考虑范围。很显然，在漫长的政治生涯中，比尔一直受到持续不断的指责和攻击。

莱温斯基①、白水事件②，以及更糟的。

---

① 1998 年，克林顿同白宫女实习生莫妮卡·莱温斯基的性丑闻被曝光，因而受到司法部门调查。共和党在国会提出了弹劾议案，但未获通过。该事件又被称为“拉链门”。——译者

② 白水事件(Whitewater scandal)是发生在比尔·克林顿第一个总统任期内的一起政治丑闻。白宫副法律顾问文森特·福斯特(Vincent Foster)死后，人们获知，白宫总法律顾问伯纳德·努斯鲍姆(Bernard Nussbaum)从福斯特的办公室里毁掉了关于白水开发公司(Whitewater Development Corporation)的文档。克林顿夫妇曾投资这家公司，在联邦证券交易委员会对麦迪逊投资担保公司破产的调查中，克林顿被控有与这次投资相关的欺诈行为。——译者

它们都是真的吗？还是那句话，那取决于你怎么定义“什么‘是’什么”。

当然，每个参选总统的人都免不了有点儿狂妄自大。想想自己有可能成为自由世界的领导者，那需要很强的自负心。就这点来说，比尔是他们中的领头羊。他确实认为世界是围绕着他转动的——不是因为在一段时间里他确实曾是世界的中心。

考虑到在过去那些年里，他在政治领域为我提供过的帮助，也难怪我被冠上了“坚定的克林顿支持者”的名号，哪怕涉及他的私人生活。而他显然对我的支持心怀感激。但他外向、直接的表达谢意的方式还是会让我惊讶。“我爱你，比利，”他会在很多个深夜来电里这样说，“我爱你，伙计。”

* * *

几年后，随着克林顿的任期接近尾声，出于某些我无法完全理解的原因，我开始感觉到自己和比尔的关系不似从前了。过去数不清的、谈论各种各样话题的深夜来电渐渐减少了。（我知道这听上去可能有点怪，但我想念过去听到他说他爱我的时刻。）当我到椭圆形办公室[①]去见他，谈论我美国民主党全国委员会主席的候选资格时，他表现得有点唐突。“特里会得到那个位置。”他说，指的是他的朋友特里·麦考利夫（Terry McAuliffe）。“我不是叫你别去竞选，但要是你那么做了，我们就不得不打垮你。”当我试图进一步陈述我的情况时，总统做出了最奇怪的表现：他在我说到一半时站了起来，走到书架边，抽出一本书，开始翻阅，背对着我。

① 美国总统日常办公的办公室，因是椭圆形的而被称为“椭圆形办公室”。——译者

我在白宫西翼[①]遭受着总统的冷遇。要是椭圆形办公室里有一把弹出椅，我很肯定他会直接把我弹到南草坪上。在一阵尴尬的沉默后，我收拾好自己的东西离开了。

情况也有过缓和的时候。几年后，我们在阿卡普尔科[②]碰见了。希拉里和比尔在那里度假，我和妻子芭芭拉加入了他们。我们四人共享了一顿美好的、满是欢声笑语和宏伟蓝图的午餐，就像过去那样。我还带我的儿时伙伴——世界上最富有的人，卡洛斯·斯利姆——去见了总统。他们像孩子一样试着在棒球知识上胜过对方。后来，斯利姆对克林顿基金会[③]贡献良多。但就算在那整个过程中，当时的我也已经知道不能信赖那种友好的氛围。我们的关系一直在起起落落——总体而言，是在渐渐冷却——对此我也已经习惯了。

因此，到了2008年，他在他的妻子与奥巴马参议员激烈竞争期间来跟我接触——就在一个月前我自己才从中退出——坚持要在圣菲和我一起度过一个愉快的雪日午后，就着冷盘、薯条和莎莎酱看“超级碗”，还有十几个我们最熟悉的记者陪同。接近中场休息时——随之而来的，还有预期中的新闻发布会——比尔还是没能说服我同意公开表示支持。我对他说了实话。“比尔，听着。要是你在参选，我会公开支持你的。但我为什么要支持希拉里呢?”我对她会带进白宫的团队持有相当的保留态度：就我所看到的，还是老一

① 指白宫西翼的一系列办公室群，其中包括美国总统日常办公的椭圆形办公室、供所有内阁成员开会讨论的内阁室、由总统与国家安全委员会一起处理涉及战争及恐怖袭击等突发紧急状况的白宫战情室和罗斯福室等。——译者

② 墨西哥的一处度假胜地。——译者

③ 克林顿基金会是克林顿在作为第四十二任美国总统的第二任期结束时建立的基金会，其任务是加强美国以及全世界人民面对全球性挑战互相依赖的能力。该基金会把重点放在下面这四个重要领域：健康安全、经济权力、领导能力发展和公民服务，以及种族、民族和宗教的和解。——译者

套。显然他把我的迟疑看作对他本人的冒犯：支持希拉里就是支持比尔，他们是一个团队。尽管如此，他的反驳依然不能让我信服。到了中场休息时，我们没取消新闻发布会，而是把摄影记者们请了进来——那是我生命中最尴尬的三十分钟。当聚集过来的记者们询问我们准备谈论什么，我让比尔负责了大部分的讲话——这不是我惯常的做法。“巨人队今天打得棒极了，”他说，忽略了眼下最明显的问题，“他们的防守简直不可思议。”当一名记者最终就大选和希拉里的获胜几率直接提问时，比尔能拼凑出来的只是：“我希望她能获胜……新墨西哥州一直是我的福地。我爱这里。”

新墨西哥州也许是他的福地，但我怀疑在那一刻他不会爱新墨西哥州的州长。我很惊讶他没站起来，从书架上拿下一本书，假装在阅读。见鬼，就连我都希望自己能有一把弹出椅。不是为他——是为我自己准备的。我真希望自己不在那里。

比赛结束了。巨人队获得了胜利。记者们离开了。

在接下来的几天里，比尔还做了其他尝试，想从我这里得到一次公开支持。后来，我得知他甚至要求过亨利·西斯内罗斯(Herny Cisneros)出面，后者曾是他的住房与城市发展部长。“他以为我能从你这儿拉到票。”亨利对我说。

“为什么？”

“我猜他认为我们说的是同一种语言。”

“政治？”

“西班牙语。”

嘿，我不能怪比尔。想尽一切办法，竭尽所能。

到了这份上，事情已经很明显了。我所面对的是一个谈判人员的末日图景：一个高风险、高度紧张的无人获益的局面。一方面，我可以欣然接受与比尔·克林顿的友谊，公开支持他的妻子竞选总统——就我的信念做出让步。或者，我可以宣布支持奥巴马参议员，以坚持我认为对的事情为荣——就此失去我最强有力的政治同盟，以及我最亲密的朋友之一。

我希望你永远不会落入这样的境地，但这就是真实的世界，总会发生类似这样的事情。最终，你必须做出抉择。那会很痛苦，会强迫你在更深层次上与自己谈判——在本书中不断出现的一个主题，你会看到的。那会把你的人格置于试炼之中。但我确实认为，你很清楚自己会做出什么样的选择，就算你会为此而对自己撒谎。最后，我做了我的选择。

一个月后，在俄勒冈的一次大型集会上，我公开支持了巴拉克·奥巴马。毫不夸张地说：情况变得一团糟。

* * *

比尔·克林顿使出了所有的攻击手段——训练有素且相当激进，指责我缺乏最基本的道德准则。詹姆斯·卡维尔（James Carville）[①]上了一档国家电视节目，就为了攻击我是一名叛徒。“一个背叛的举动，”他说，“理查森先生的支持声明就在犹大为了三十枚银币出卖耶稣的纪念日前后，因此我认为他选择的时机十分恰当，如果以讽刺的眼光来看。”之后好多年里，克林顿自己对每个愿意聆听的人说：“我只生两个人的气：泰德·肯尼迪和比尔·理查森，而泰德已经死了。”我真幸运——我独享了比尔的怨气。

我触犯了克林顿的拒绝作证[②]准则。克林顿曾一度能够体察我的痛楚，而今他想要以此对我施加折磨。

① 美国政治评论家和媒体人，曾担任克林顿的政治顾问。——译者

② 黑手党间保持缄默的行为准则，拒绝为警方提供任何有关犯罪活动的证据。——译者

我在波特兰的一个喧闹且（我不得不说）令人兴奋的场合宣布了自己的决定。我想我的出现确实让一些人感到惊讶；自退出竞选以来，我又重新留起了胡子，我把这段时间称为“解压期”。这段时间的休息起了作用，我的演说洋溢着一如既往的激情和欢愉，也如同以往一样收到了很好的反响。我称赞奥巴马参议员是“一个杰出的美国人”。我指出了他在本周早些时候发表的“历史性演说”中的闪光点，在其中他提到了围绕他直言不讳的牧师耶利米·赖特(Jeremiah Wright)①产生的争议，以及种族问题——一个对我显然非常重要的议题——“他的口才、真诚和乐观主义，让我们对他抱有期待。”而或许，最重要的是“他像对待成年人一样对我们说话”。我指出，巴拉克“可以作一番更安全的演讲。毕竟，他在我们党内的代表提名选举中处于领先位置”。我期待这个无可争辩的事实——巴拉克已经赢得了提名——或许足够解释我为什么没有公开支持希拉里，这是我们党派团结一致的时候。不管怎么说，我是第六十二名宣布支持他的超级代表②，而希拉里仅仅得到了五人的支持。但我还是感觉自己应该再多说些什么，以尽可能弥补与克林顿夫妇之间的关系。“当然，我对克林顿参议员和克林顿总统的钦慕之情”——在这个点上，夸张不会有害处，我也没什么再能损失的了——“将永远不会动摇……因为克林顿政府的胜任及其卓有成效的领导，二十世纪九十年代是繁荣与和平的十年。”

接着，转折。

① 奥巴马的前牧师，曾公开发表一些带有种族色彩的煽动性言论，引起各方争议。——译者

② 美国两党初选制度，原则上就是选出每州出席民主党及共和党全国代表大会的“宣誓代表成员”，在会上分别推选出两党的总统候选人。每州的党代表大会出席名额，除包括“宣誓代表成员”，还包括“超级代表”，他们主要是该州两党知名人士，如州长、议员等，他们并非经由初选表决推举，可按个人心意投票。——译者

“但如今是时候由新一代领导者来引领美国前进了。”

而今再度重听这段话，我明白它为什么令人如鲠在喉。我把克林顿政府描绘成了上个十年的残迹。他们曾建筑了通往二十一世纪的桥梁，但现今我们已踏入新世纪八个年头。我的意思是，是时候让别人来掌舵了。

我无法不去想象明天会有什么样的反应。

我应该停在那里，已经造成了足够的伤害。但在集会后，我又对新闻界说了些别的，指出了过去几周内克林顿参议员的竞选活动中几件在我看来带来负面效应的事情——一些也许无助于修补我与克林顿夫妇关系的评论。没什么太具争议的话：“我认为这场选举的走向已经变得太消极了。”不过，就这么说吧，要是比尔想给我致命一击，希拉里很可能会了结我。

在大选前，我曾试过直接弥补与希拉里的关系，为她举办了两次筹款，帮助她支付参选造成的债务。我只能猜测起码她是欢迎这个举动的，她当然接受了那些钱。

最近，她请我为埃及问题提些建议，胡斯尼·穆巴拉克(Hosni Mubarak)①下台后的过渡期正给美国造成不少麻烦。这次邀请让我受宠若惊，我把它看作我们之间关系缓和的征兆。我对她说我很乐意帮忙，但要有效合作，我们必须抛开过去那些年里累积起来的对立。我还告诉她，我需要她帮忙缓和我与她丈夫的关系。他们是一个团队，不管怎么说——我花了大代价了解的一点。我需要他们两人都同意我们重建联系。之后我更进了一步，直接给比尔写了封邮件：“让我们讲和吧。”

比尔没给出回复。

这些年来，我最起码抛出过四次橄榄枝，通过直接的邮件，甚

---

① 埃及前总统，2011 年 2 月宣布辞职。——译者

至还有一两封情真意切的信件。不幸的是，他们从没答复过，我从未自那个相识超过二十年的人那里得到过任何积极的回应。因此，当我在2012年的民主党全国代表大会上被问及如何定义我与比尔的关系时，我只能承认我们之间并无联系。在这段漫长的友谊终结之时，我的话语刺痛了我自己："我只能揣度我们之间产生了永久的裂痕。"

我已经意识到这在很大程度上是我的错。尽管我认为自己应该得到比沉默更好的对待，事实是，比尔·克林顿之所以会气到这样对待我，一定是因为我的行为刺痛了他。

我坚持认为导致我们决裂的根本原因不在于我公开支持了奥巴马：从某种程度上来说，那不过是政治。此外，我真心认同我所说的民主党正处于一个交叉路口的话——我们需要聚集在代表党派未来的人身后。不，我的错误在更大程度上是战略性的，它开始并且也终结于圣菲。我不仅让来和我一起看"超级碗"的比尔·克林顿失望了，还将他置于尴尬的境地。我任由他尝试召开这样一次记者发布会，从而将他摆到可能失败的处境，而且是公开的失败。他想来，而我让他来了。他邀请了摄影师，而我让他们进来了。他一向被认为能够得到自己想要的，却被我晾在那儿。

那不是朋友会做的事。

是的，偶尔，你甚至必须和朋友谈判。他们想得到的也许是你不情愿放弃的。甚至他们以为你会放弃正义，因为你们之间的友谊——朋友能为朋友做任何事，诸如此类的话。而我只是没能在一开始就对我的朋友坦白。要说朋友间必不可少的就是完全的坦诚。当然，要是我在他登上前往新墨西哥州的飞机前就对他说"我很抱歉，比尔，但在这件事上我给不了你想要的"，他还是会生气的。也许我们还是会闹翻。但还是那句话，也许我们不会。

该死的新手的错误。

若是那样，这道隔阂是否将永久存在？我猜是的，但谁知道呢：也许那取决于对“什么‘是’什么”的定义，尽管我担心事实并非如此。

2

朝　鲜

当心了

当我戴着一副最新技术的3D眼镜，脸上挂着傻笑，直愣愣地瞪着一台六十英寸高清平板电视里自己的影像——还是在一个没有多少电能储备，更别提把电用在最新式拟真显像技术的国家里，我就知道这趟旅程不会像先前计划的那样展开。

能够抵达朝鲜，本身就已经是一种胜利。

原因很简单，这是世界上最神秘的国家。我从不把一次造访看成是理所当然的事。仅仅是有机会踏上平壤机场的土地就让我心存感激，只有很少的外国人——更少数的西方人，少之又少的美国人——能有这样的机会。这趟旅行的目的并无不同。我们前往朝鲜，为的是说服当局停止他们的导弹发射计划及秘密核武器试验。此外，我还想让谷歌公司的埃里克·施密特（Eric Schmidt）① 跟他们谈谈因特网的好处。

我此行的另一目的是肯尼思·裴（Kenneth Bae）②，一名来自华盛顿州的四十四岁韩裔美国人，他已被朝鲜政府拘留了六周。我曾希望能很快护送他回到机场；相反，我独自漫步在春日的平壤市区——由计算机处理过的实时画面，显示出它此刻的样子。那是一次极其缓慢的散步——就算是我都能看出朝鲜的计算机技术并不令人满意——这一发现加剧了我的挫败感。

好吧，我必须承认，在这次的行程中，我方在外交方面做出的努力至此已遭受了小小的挫折。我们知道这会是一趟棘手的旅程。就在我们抵达前几周，朝鲜又一次声势浩大地公然挑衅了全世界的意志，试图发射一枚足以承载一颗核弹头的火箭炮。在几次显而易见的(显然也同样难堪的)失败后，此次发射取得了成功。这次发射让年轻的国家领导人金正恩感到满意——在我们的整个逗留期间，国家电视台一直在循环播放“超级领袖”观看此事时表现出的孩子般的喜悦——却让国际社会感到失望。朝鲜坚称这是一项和平测试，其目的是未来的卫星部署，仅仅是为了证明他们最新的实力，以及他们对“主体”绝对拥护的精神。“主体思想”是由他们已故的“伟大领袖”金日成创立的国家官方思想体系。全世界其他国家，尤其是那些在射程内的，唯恐这回的弹道导弹测试是一次意在发展核武器的明目张胆的挑衅。至少，借用前参议员吉姆·德敏特(Jim DeMint)的话，对伊朗和其他“想要看看这些东西是否能行”的国家来说这是“一次成品展示”，“因为我们都知道朝鲜计划出售这些武器”。无论出于何种目的，此举违反了大约一百条联合国决议③。我们抵达时尚不清楚此行将要面对的是什么。唯一清晰的信号是朝鲜正处于一种反叛情绪中。

而且我们完全不理解，为什么一直在为游客安排朝鲜之旅的裴

---

① 谷歌董事长兼 CEO，也是苹果公司董事会成员。——译者

② 2012 年 11 月裴以导游身份进入朝鲜后被捕，2013 年 4 月被判处 15 年有期徒刑，2014 年 11 月获释。——译者

③ 联合国决议是由联合国所做出的正式决定。所有的联合国机构都可以做出决议，但是实际上只有联合国大会和联合国安理会发布决议。——译者

会被拘留。朝鲜官方新闻机构的报道当然不会有太大帮助：它在标题中仅声称有“一名美国人因犯法而被逮捕”，而那些未得到公开说明的罪行“已被证实”。

法官大人，我必须反对。

那可完全称不上是一次公平的审讯。

其他报道指出，裴被捕时随身携带着一张保存有朝鲜敏感文件的硬盘。还有另一种听来同样合理的说法，认为裴的被捕不过是为迫使美国就核武器和其他问题进行会谈的一项筹码。

也许是吧——或许他们认为美国会留意到的。但美国不在那里。我在。一如我的习惯，我迫切地想要进行会谈——即便要面对的是全世界最神秘的国家，而这里不久前才刚发生过全世界最具挑衅意味的核行动。我信奉一个前提：在谈判中，对话总要强过防守——换句话说，最好实际进行谈判——正基于此，我才会为这次秘密人道主义任务前来；也是基于此，我才带上了埃里克·施密特。毕竟，埃里克不仅是谷歌公司的首席执行官，或许也是坦诚交流最杰出的拥护者之一，他以交流为中心建立了一家非常成功的企业。要是你不信我，就用谷歌搜索一下他的名字。

然而，就在我漫步于虚拟的平壤时，我对自己坦白：尽管以任何标准衡量，我们的这趟行程都还算不上失败，但我也不能称其为一次重大胜利。至少现在还不行。我们被允许进入朝鲜计算机中心(Korea Computer Center，KCC)是出乎意料的成果。很少有西方人能够获准在这幢大楼里四处溜达，这里日常作为消费电子展和供工科硕士使用的计算机实验室的形式存在。这里展示着朝鲜最新的计算机创新成果：即便它们还是未完成品，这个国家最有前途的技术员们仍在不断对其进行调试和修整。

在我们看来，获准进入这里是一次意外的胜利，尤其对埃里克而言。他之所以跟我一起来到朝鲜，是为了传递一条讯息：推广更大范围内的网络连接，更确切一点，更多的移动电话使用量。他总想抓住机会宣扬“因特网的福音”，深信他所做的，让一个发展中国家——就算是一个像朝鲜这样过去几十年都落后于世界发达地区的国家——获得与世界其他区域畅通无阻的联系，是至关重要的一步。

正如他对朝鲜国家科学院院长张哲(Jang Chol)所说的：“这是我的信仰，而我对此深信不疑。”(尽管在我们逗留的四天期间，他的布道很难称得上竭尽全力：“简单点说，我希望你们能接通因特网。”他对张，以及任何愿意听他说话的朝鲜科学家这样说。)我们同样没想到，工程学的学生们会来接待埃里克。他们显然敬畏这位首席执行官，原因之一是他们希望自己的电脑并不仅仅维持在开机状态——在这里，电源经常会断开，我们逗留期间就发生过两次——而是能在某天连上因特网。

能够进入朝鲜计算机中心，就算只是被邀请在虚拟的平壤街头散步，都是一次全新的改变。那天早些时候，我们这个小小的代表团曾被带到金日成大学，接受了一次精心安排好的参观。尽管有一百台嗡嗡作响的电脑，那幢现代建筑始终比一个屠夫的冰柜还冷。那里的学生奇迹般地似乎不为那股寒意所困扰。事实上，似乎没有什么能够让他们感到困扰。就算是我们的代表团被一打闪烁的摄像机和记者尾随着走过，坐在终端机后面的学生们也完全心无旁骛。我们是一队在行走、交谈、窃窃私语、来回走动的干扰物，是穿着羊毛外套、侵犯了他们工作领域的嗡嗡作响的蜂群，而他们甚至都没抬起头来看看这群乱哄哄的人是怎么回事。由此不难得出结论，在我们抵达之前，他们必然接到过指示，要求他们盯着自己的终端机，扮演好专注于学习的计算机系学生的角色。简言之，假装成那样的角色。

但给他们下指令的人做错了几件事：首先，几乎没有学生真的在敲击键盘，他们只是面无表情地坐在那里，读着预先加载好的屏幕上的文件。太过整齐划一了。这种伪装不可能逃过我们的注意，而且令人不安。

“就像是在波将金的教室里。”[①] 在快门声的间隙，我们其中一名代表团成员对另一个说。

值得一问的是，这些终端机在何种程度上(甚至是否)与外部世界相连。当我们得到一个机会与几名学生交谈时——尽管我们的谈话受到一定程度的监管，唯恐他们说出某些违背劳动党[②]信条的事情(说句实话，我们很抱歉把这些学生置于聚光灯下)——真相变得明朗：被那些学生们称作“互联网”的东西在通常情况下不过是内联网——依据朝鲜政府的需求，被下载、净化、过滤并重新上载后的互联网。用谷歌的话来说，他们的过滤设置是“安全搜索：大关其门”。[③]

然而，朝鲜计算机中心却有所不同。很显然，这里潜藏着一些秘密。我们的一个代表团成员要求去一趟卫生间，情况瞬时变得诡异起来，两名随同人员——他们一直成双行动，以便彼此之间也能互相监督——匆忙跑过大厅去尾随他，确保他不会走进任何限制进入的房间。很难说他们到底在担心什么。也许他们以为他会发现因特网的“开启”键；又或许他会发现他们保存所有热能的房间。

我们对朝鲜计算机中心的拜访是由外交部提供的一个有趣的安慰奖，而且惹得像埃里克这样的技术狂人心痒难耐。但不管怎么说，还是一个安慰奖。他们希望此举能够缓和我们遭受的打击，毕

---

① 俄国女皇叶卡捷琳娜的宠臣波将金在1787年修建了一座专为女皇视察他的辖区时使用的村庄，以显示辖区的“繁荣”。这座虚假的、漂亮的村庄果然起到了效果，深受女皇欣赏。后来西方军事家把在军事上制造假象、虚张声势的计谋称为“波将金村庄”，此处援引了这种说法。——译者

② 朝鲜执政党，1945年10月10日在平壤成立。——译者

③ 安全搜索(SafeSearch)是谷歌搜索自带的功能，以屏蔽其搜索结果中可能含有的色情、暴力等少儿不宜的内容。——译者

竟，我们此行预期实现的三项目标中的另外两项已渐趋无望：与那名美籍被拘留人员会面，确保他被释放；以及与金正恩就一系列问题进行会晤。而我们得以就第三个目标——敦促当地政府向少数特权阶级以外的更多人开放因特网，敲开一扇通往外界的窗户——获得一次发言的机会就是一次奠定基础的胜利。

还有其他的安慰奖，而它们也同样有趣。我们观赏了极具天赋的朝鲜杂技队的演出，他们的飞人表演会让太阳马戏团（Cirque du Soleil）都自愧不如。尽管身处接近冰点的礼堂内，身材矮小的朝鲜男人和更加娇小的朝鲜女人在一百英尺的高空辗转腾挪，连做三个空翻。而更令人震惊的是，他们是在没有安全网保护的情况下完成所有这些动作的。（“也没有因特网。”有人说。也许是埃里克。）晚些时候，我们的陪同人员十分骄傲地为我们展示了他们“美国式的”快餐厅——无疑他们错以为我们会为自己“美国式的”快餐厅感到自豪。这里的复制品令人印象深刻，但并不完美。同样，在这里，他们也搞错了一些重要的事情，从原料开始就错了。我还以为罗纳德·麦当劳[①]（Ronald McDonald）会从柜台后面蹦出来，问我是否“要配上米饭”。

然而：又一天过去了。

随着我们与“敬爱领袖”会面的希望缓缓消逝，外交部又为我们提供了一次心照不宣的讨价还价：作为“敬爱领袖”的交换，我们会安排你们瞻仰“伟大领袖”和“亲爱领袖”[②]。在一再拖延回答能否为我们安排一次与金正恩的会面时，他们为我们提供了又一个安慰奖，安排我们前去参观锦绣山纪念宫，那里永久保存着金日成和金正日的遗体，两者都受到了杜莎夫人蜡像般的待遇，偶尔对

① 麦当劳叔叔的官方设定本名。——译者

② 指金日成和金正日。——译者

外开放，供公众吊唁。就眼下的情况而言，我们别无选择，只好接受。于是我们重新爬进朝鲜借给我们在那周使用的车里——三辆式样略有不同的白色多功能厢式跑车组成的一列车队，在我们沿着冰封的河流穿过积雪的街道，从外交部提供的住地驶向市区时，安静地划破沿途荒凉的轮廓。在我们逗留期间，街道空旷得怪异，没有车流。相反，我们开车经过的地方有上百名朝鲜人持续地移动着，走路或者骑着自行车，独自一人、成双结对、五人一组。但究竟是往哪儿去？上班？回家？

我们一到平壤就被告知，我们是自 2011 年金正日去世后首个访问朝鲜的美国代表团，这确实是项殊荣。我们肯定是当天造访“太阳宫”的唯一一群西方人，那天禁止所有游客入内。但那并不意味着只有我们。尽管停车场空荡荡的，但陵墓里散布着上千名朝鲜士兵和军警官员，他们从自己家乡所在的地区长途跋涉而来，只为向逝去的领袖们表达自己的敬意。

我们由至少一百名士兵组成的小队陪同着排队等待安检。尽管很有礼貌，他们看我们的眼神似乎还是充满疑虑——他们怎么就能插队？很快我们所有人都必须排队等着踏上一条十分现代的电动走道，而它的全长更令人震惊——至少抵得上三个足球场。

“就像是全世界最长的迪士尼移动工具。”我们代表团中的一名成员轻声说道。

“是啊，把你径直带进‘昨日世界’①。”另一个人打趣道。

但这些都是这次经历的组成部分，自有其规则需要遵循——不能拍照、不能交谈，也不能随意走动。我们很快意识到，电动走道的目的并不仅仅在于让你从一点移动到另一点，而是为了让你在逐

---

① 迪士尼乐园中有一个名为“明日世界”的主题乐园，此处借其引申。——译者

渐接近那些景观时有足够的时间去观赏和赞叹。这里陈列着绵延不绝的金日成和金正日的相片，记录着他们的一举一动。朝鲜宣传系统坚称他们领袖的行为至高无上：访问在田野里辛苦工作的朝鲜平民、视察朝鲜最新的科技突破，以及他们似乎随意就能以某种方式鼓舞士气的著名的“现场指导”。比如有一次，金正日参观了一所山羊农场，朝鲜官方通讯社报道称“金正日的现场指导与他温暖慈爱的态度为山羊养殖和乳品产量带来了极大的促进”。

那是金日成站在一张产床后面——仿佛那是他发明的。

这是金正日指着一辆红色的拖拉机——仿佛那是他设计的。

惊叹吧，亲爱的诸位来访者们，惊叹于“伟大领袖”和“亲爱领袖”为朝鲜最杰出的天体物理学家们指点一二的形象。

凝神注视站在麦田里的这对父子，他们被一群营养良好的孩子包围着，浸润在对他们的爱和崇敬之中。

这些相片构成了宣传梦境的一组没有尽头的蒙太奇：只要你构建出来，他们就会相信。在这段参观之旅的尾声，就算是一个麻木冷酷的资本主义者，都会迫不及待地想要看看这两个被这样塑造出来的人的真身。但这座宫殿的建造师们深谙如何延迟满足这份期待。首先抵达的是荣誉陈列室，一个巨型洞穴似的、大理石贴面的房间，这里见证着金日成生前所获嘉奖和他的“中立态度”，满满地摆放着由外国元首和全世界各地大学颁发的勋章、证书、荣誉学位、胸章和赞誉。这一幕令人屏息。你几乎期待看见玫瑰花蕾[①]躲在一个船携式行李箱或约柜(Ark of the Covenant)[②]下面向外窥探，

① 美国经典影片《公民凯恩》中的一个关键意象，象征曾经得到又失去的一切。——译者

② 约柜，又称“法柜”，是古代以色列民族的圣物。“约”是指上帝跟以色列人所订立的契约，即由先知摩西在西奈山上从上帝耶和华处得来的两块“十诫”石板，而约柜就是放置这份契约的柜。但约柜是否存在至今仍然是个谜。——译者

如同得到印第安纳·琼斯教授[1]的馈赠。而仔细查看那份来自美国的赠礼——由加利福尼亚州格伦代尔市肯辛顿大学颁发的荣誉学位，证实了美国在挑选礼物时狡猾的选择，也解释了为何你从没听说过肯辛顿大学，即使你曾去过格伦代尔。[请注意，肯辛顿大学在1996年被证实为一所“野鸡大学”，其实质不过是一个文凭工厂，完全依附在一个名叫阿尔弗雷德·卡拉布罗（Alfred Calabro）的人的法律事务所名下。学校随后被迁往夏威夷，又在那里再次被关闭。好消息是金日成从没去过得克萨斯：在“孤星之州”[2] 使用肯辛顿大学的文凭可是违法的，不开玩笑。]

一段短短的步行后，很快我们就到了“火车站”。当然，并非一整个车站，而是一间停放着金日成私人专列的房间，如今这节火车厢停在了纪念宫里。它被停放在那儿，好让游客得以一窥这节曾载着“伟大领袖”远赴西非的车厢内部。终其一生，他都坐着这列火车在不同的政权间进行访问。就所处的时代而言，它被装饰得相当不错。金也许没能拥有一架波音747对他俯首听命，但“一号专列”似乎也是个上佳的替代品。

在荣誉陈列室和火车车厢之后迎来的是瀑布，或者至少它听上去像条瀑布。还是掌声？那是什么噪声？我们拐了个弯，发现了声音的来源：一连串喷射着气流的孔穴，在我们走过的时候从外部清除我们身上可能会携带进来的寄生虫、不洁的气味，或天知道是什么的东西。

老天，但愿我们不会把什么东西传染给“伟大领袖”，考虑到

---

① 《夺宝奇兵》系列电影的主角。第一部《约柜奇兵》中讲述了印第安纳·琼斯教授来到埃及寻找“约柜”的冒险故事。——译者

② 得克萨斯州的别名。得克萨斯在1836年前是墨西哥合众国的一个州，于1836年正式宣布独立。1845年12月29日以独立国家身份加入美国，因而也成为了唯一有权自行退出联邦的州，别的四十九个州在法律上都没有这个权利。——译者

他糟糕的健康状况。

下一个房间就是本次“朝圣之旅”的目的地，社会主义的“至圣所”[①]，“伟大领袖”实体所在的内宫。向左略微一拐，突然间，他就在那儿：金日成，安详地躺着，但他看上去就和站在那张产床后的他一样生动。我感觉在房间里照射红色光线是个奇怪的选择，而他们恰恰那么做了——它在无意间(我必须这样假定)为这个空间增添了几许鬼魂出没的气氛。我们由军警带领入内，他们提示我们模仿他们的动作：在他的脚边鞠躬，在他的右侧鞠躬，绕行过他的头部，到他的左侧再次鞠躬。

我们没有鞠躬。他们似乎也并不在意。

接着整个过程——完全相同的房间、相同的大小、相同的火车车厢、同样诡异的红色灯光——在不同的楼层又被重复了一遍，这次的对象换成了金正日。或者，正如我们代表团中一名被自己的黑色幽默征服的成员所言：“第二具棺材，和第一具一模一样。”有三处显著的不同：在“亲爱领袖”的火车车厢里，放在“大元帅”[②]桌上的记事本被换成了一台苹果笔记本电脑。(就算是在十英尺远的地方，埃里克还是像考古学家一样迅速判定这是一台2010年左右的产品。)比他父亲更进一步，除了自己的专用列车，金正日还有私人专属的豪华游艇。最后，除了他本人的肯辛顿大学荣誉学位，还有另一件来自美国的纪念礼品，摆放在他同样规模的荣誉陈列室的显要位置：一枚来自我们第四十二任总统就职典礼的纪念硬币，其时的主角是威廉·杰斐逊·克林顿(William Jefferson Clinton)[③]。

但我们又有什么资格去判断他是否配得上这些荣誉呢？不管怎

① 至圣所被认为是耶和华的住所。——译者

② 2012年，朝鲜向已故最高领导人金正日授予“大元帅”称号。——译者

③ 比尔·克林顿的原名。——译者

么说，根据朝鲜官方媒体的报道，这是一个发明了汉堡、在大学时期写了超过一千本书、第一次试手高尔夫就打出了十一个一杆进洞的人。肯辛顿大学肯定相当自豪。

一切都引人入胜。一次难得的经历。独特，令人难忘。

也许还会让你陷入思索——这一切和谈判又有什么关系？

千丝万缕的联系。理解一下我在走过所有这些朝鲜地标建筑时的心境。我是来干正事的。我到这儿来解救一个被拘留的美国人。朝鲜政府对此心知肚明。因此，尽管得以造访领袖们最后的休憩地是一项殊荣，这整片景观都在诠释"谈判入门"里的一个经典策略：拖延。

很显然，负责对付我们的人在有意与我们保持距离，出于几个理由：测试我们的耐心；延迟他们那方可能要做出的妥协；提醒我们是他们的客人、处于他们的控制之下；展示力量及胜人一筹的本领。随你怎么说吧。作为一个谈判者，于我而言，真正的试炼在于我是否愿意保持耐心。作为一个谈判者，我必须为自己决定要让他们从我身上看出什么(因为，当然了，我在这整段时间里都在被观察着)。作为一名谈判人员，我必须展现出凌驾于其力量之上的力量。

就目前而言，这意味着忍受他们的整个宣传之旅。真正的对抗很快就要开始。我之所以能够心平气和地接受这整个过程，是因为这里的政府就是这么运作的，而我已经在这个国家谈判了很长一段时间……

* * *

朝鲜是一切开始的地方。我之所以会摊上这份解救人质的、暗地里的兼差，都要归功于朝鲜——或者，以朝鲜政府更偏好的称呼，朝鲜民主主义人民共和国。要不是因为这个国家，我不会踏入长达二十年与全球各类政权近距离接触的职业生涯，以期推动和平，通过协商达成共识，偶尔还要解救一两个美国人。

疯狂的是，这一切都始于意外。你可以这么说，我在错误的时间身处错误的地点。1994 年，其时距离比尔·克林顿总统与朝鲜签署完毕一项被称为《框架协定》的协议还不到两个月。这项协议的目的在于有效废除朝鲜的核设施，从而，用克林顿的话来说，“让美国、朝鲜半岛和全球都更安全”①。当时的我正在飞往朝鲜的航班上，准备去看看世界究竟变安全了多少。我们首先作为一支国会代表团（用华盛顿的习语来说是“国代团”）②的成员抵达北京，尽管我是这趟行程中唯一的国会议员。这趟行程是打包好的：我们要访问中国、韩国和朝鲜，并在其他几个地方稍作停留。尽管我承认自己最关心的是朝鲜，哪怕是出于纯粹的好奇。我们会在平壤的土地上停留整整三十六小时，当时只有很少的西方人会被允许入内，而且朝鲜正面临一次清算。它的“先军政治”③，或称为“斯大林主义的军事优先文化”，以及它在冷战后与俄罗斯贸易经济的崩塌，意味着食物生产陷入困境，而它的公民都在挨饿。这一系列

---

① 1994 年 5 月 30 日，联合国安理会提出对朝鲜进行核项目调查并对其进行制裁。1994 年 6 月，美国前总统卡特前往平壤斡旋，与朝鲜政府达成了《朝核问题框架协定》，此协定是朝鲜核危机的直接渊源。按照《朝核问题框架协定》的要求，朝鲜必须冻结其各种核项目，并在所有核设施上加装监控系统，禁止一切关闭项目的重启。因担心朝鲜发展核武器，1994 年 10 月 21 日，美国与朝鲜在日内瓦签署了一项关于朝核问题的《朝美核框架协议》，约定朝鲜冻结其核设施，由美国牵头成立朝鲜半岛能源开发组织，负责为朝鲜建造轻水反应堆并提供重油，以弥补朝鲜停止核能计划造成的电力损失。此后，宁边五兆瓦反应堆中八千根乏燃料棒被取出封存。——译者

② 原文为 congressional delegation，缩写为 codel。——译者

③ “先军政治”是 1995 年 1 月 1 日金正日视察蟠松哨所时提出的，即一切以军事工作为先为重。——译者

事态的相互作用陷入恶性循环，不仅拖垮了经济增长，也折损了普遍的身体素质：挨饿的朝鲜人的平均身高要比韩国人矮上两英寸——而后者仍然是他们实际意义上的敌人——用不了多久，朝鲜军队就会被迫在征兵的身高要求方面减少一英寸。政府允许它的人民陷于困苦，但不会允许军队规模的缩减——至少在数量上不会。（今天，这个相对而言的小国——它的实际占地面积大约等同于宾夕法尼亚州——其军队规模位列全球第四。）朝鲜和韩国之间日益加深的分歧并未就此停止；就算是眼下，据称朝鲜和韩国之间的经济差距是东德与西德 1990 年统一时的四倍。

朝鲜总是与外部世界维持着一种敌对的，通常也是令人费解的关系，就算是与那些被认定为其盟友的国家也如此。或许最令人忍俊不禁的例子是：不止一次，当盟友中国通过火车运送食物援助到平壤时——一个明显的友好姿态——朝鲜同时保留了援助物资以及火车，显然坚持认为火车也是援助物资的一部分。困惑的中方火车工程师们不得不通过其他方式返回中国，有些还被迫徒步。

1994 年，在我首度抵达的时候，不少朝鲜人都在对政府渐渐失去信心，因其未能兑现社会主义天堂的承诺。朝鲜战争结束后直到 1994 年，只有几百名朝鲜人出逃。几年后，在 2001 年，估测这个数字增长到了数十万。朝鲜劳动党的官方报纸《劳动新闻》认为它能够通过提醒人们金日成在二十世纪三四十年代（那段时间被称为“艰苦行军”）作为一名游击队员不畏艰险、排除万难抗击日本殖民统治者的经历，重新激励民众献身于他们的国家。如今，它暗示，尽管面临着更多的逆境和障碍，但这正是这代人大步挺向未来的时刻。

他们要求的太多了：在一个国家正式发文要求民众仅仅“每日两餐”的时刻，很难大步向前迈进。按某些说法，在未来四年里，每十个朝鲜人中就会有一个死于营养不良。

但在我们登上前往平壤的班机时，我们还不知道情况到底有多糟。坦白说，我们知道的相当有限。这个国家在阻隔其他国家刺探的视线，以及把民众与外部世界隔绝这方面做得相当成功。很难获得切实、准确的事实。网上有的都是猜想。从远处得到的印象非常接近于时下卫星地图上这个国家在夜间的景象：一片漆黑。

顺便说一句，这片黑暗不仅仅是比喻的说法，事实同样如此。平壤机场黑得让人讶异，尤其考虑到它要满足一个大城市的需求。很少有航班——很大部分是因为只有非朝鲜人可以获准离开，因此降落的航班数量很少，而且通常只坐半满——电力要省着用。我几乎不记得在跑道上看到过灯光。在我看来，降落在黑暗中的平壤有点像是我以为降落在火星上肯定会有的感觉。

从北京飞到平壤的航行时间不到两小时，却把乘客带回到了五十年前。两个机场之间的差别——在 1994 年和 2013 年都是——定义了“实实在在”这个字眼。同样服务于社会主义标杆国家的最大城市，北京机场俨然一个现代化的奇迹，而平壤的机场却基本就是一个仓库。后者沐浴在经由灰墙反射出来的灯光下。就算是航站楼里的金日成和金正日的肖像——必不可少的，绝不可能被忽略——也显得灰扑扑的。这一切都产生了一种穿越的效果：你不仅感到自己一下回到了五十年代，而且还是黑白的五十年代。

当我们穿过海关时——实际上只是一个穿着制服、拿着笔记板的男人——黑暗终止了。当我们踏入气温零下的室外，突然亮起了无处不在的灯光。咔嗒，咔嗒，咔嚓，咔嚓。几十台摄像机，几十个记者。我以为会来几个采访的人，但还是被他们的数量吓了一跳。我们都被闪晃了眼，而且，坦白说，我有一丝受宠若惊。所有这些关注，就只为了我这个微不足道的老头？没错，我知道我的造访会激起不少人的好奇心。我本打算就我简明的外交日程表回答几个无关痛痒的问题，但我的计划却被一名来自中国新华社的记者打乱了。他把麦克风径直伸到我面前，揭示了这里聚集起这么多人的真正原因——给了我一次实际的教训：要为万事做好对策。

“议员先生！议员先生！你对美国直升机事件有何看法?”①

我根本不知道他在说什么。

“那架直升机。被射下来的。在朝鲜境内。”

我压根儿没听说有关任何美国直升机在随便哪个地方被射下来的消息。我的随行人员对此同样一无所知。突然我成了那个满腹疑问的人。但我还没来得及提出问题，被指派陪同我们的朝鲜官员就站到了我和那些摄像机之间。他匆忙地示意采访结束了，催促我向等候着的轿车移动。

在前往我们落脚宾馆的路上，我要求得到答案。外交部副部长宋浩京(Song Ho-gyong)证实确有一架飞过朝韩非军事区进入朝鲜领空的美国直升机被击落了，而两名驾驶“敌机”的美国飞行员已被实施监禁。随后他试图转换话题，但我没放过他。事实上，我告诉他，我此行在朝鲜的任务已然发生了变化：我不会离开这里，除非能带走那两名美军飞行员。“将这两名飞行员移交给美国政府，”我对他说，“是至关重要的。”他冲我耸了耸肩，说那是军方的特权，而我们必须等到他们对这次坠机事件的调查结束。作为一名外交部官员，他无能为力。

为了安抚我的情绪——我在一次次往来于朝鲜期间得到的诸多安慰奖中的第一个——他提醒道，为庆祝我的到来，外交部长已经在我们即将下榻的酒店安排了一个晚宴。我对他说，我不确定晚宴的主角会否出席，我必须连线华盛顿。当我终于联系上国务卿沃伦·克里斯托弗(Warren Christopher)后，谢天谢地，他为我提供了

① 1994年12月17日，朝鲜人民军高炮部队击落一架美驻韩第八军第十七航空旅的OH-58军用侦察直升机。——译者

我还没有掌握的信息，我的预感得到了证实。我必须把我们的飞行员弄出来后才能离开朝鲜。至少现在我知道他们的名字了：大卫·希尔蒙(David Hilemon)和鲍比·霍尔(Bobby Hall)，两人都是空军一级准尉。

一小时后，我终于出现在了晚宴上，我知道无论是晚宴的主办人还是他们的“贵客”都不会感到自在。他们想要举杯祝酒，我想要摔碎酒杯。我向他们发出通牒：尽管桌上满是他们精心安排的盛宴，但从现在起，摆在台面上亟待讨论的只有一件事——两名美国人的安全。得到的又是一记典型的防守球：他们说，他们无能为力，只能等到“调查”结束。

第二天，我和朝鲜劳动党主席(相当于朝鲜的国会主席)以及朝鲜财政部长进行了八个小时的会谈。他们两人都想谈论《框架协定》中的某些部分，但我却盯着另一个问题不放：“在你们把这两名美军飞行员移交给我方监管之前，我们都不会讨论任何议题。”我肯定对着一打不同的人用一百种不同的方式重复了这个立场——确保翻译不会错漏我的意思——但我没能取得任何进展。

直到获准与外交部长金永南(Kim Yong-nam)会面时，我才开始意识到问题的根本所在。就算在他坚称必须等到朝鲜人民军结束这项语焉不详的“调查”后外交部才能接手的时候，我也已经意识到了自己踏入的权力漩涡的真相。那是看似可能愿意进行对话的外交部与军方的角力——后者除了指控两名飞行员为间谍之外始终保持沉默。因此，外交部之所以会采取拖延政策，是因为他们自己也在面临拖延。从某种程度而言，外交部长的行动确实受到限制——在一个“军事优先”的国家里，军方总是第一位的。

先军政治至上。

这是谈判中的一个经典问题。我在和错误的人谈判。我正被要求从那些不能做主的人那里得到一个准确的答案。

要是我指望一个不同的答案，就必须停止这个循环。

我怀疑自己不会受到军方的接见，但也不准备让步。于是我做了唯一能做的事：提高了赌注。我提出了新的要求，采取的行动几乎无异于外星人着陆地球：带我去见你们的领袖。

我要求得到金正日的接见。

我知道这是一次高风险的下注。自从他父亲去世后，至少在西方媒体上，金正日从未露过面。每个人都持悲观态度。我被朝鲜方面告知他仍然沉浸在丧父之痛中，因而不能见我。远在美国的分析员们告诉我，他正忍受着某种急性肝脏疾病的折磨——故而不能见我。没人能确保他是否依旧在统率这个国家，但有件事是肯定的：他不会见我。金非常喜欢美国电影，他完全有可能正躲在某间放映室里，欣赏着最新“走私”进来的影片。（西部片是他的最爱。）他不会见我，但我不断地要求。而且，以防万一——即使在我不知道自己会要求面见“亲爱领袖”的前提下——我拿上了随身带来的一根“和睦烟斗”①：一盘影片《赌侠马华力》的家庭影院录像带。

朝鲜政府也许不会对我做出回应，但保不准梅尔·吉布森（Mel Gibson）②能打动他们。

与外交部之间的事况变得愈发糟糕（不关梅尔的事）。在我们的第二次会面中，金部长不仅又一次驳回了我与领袖见面的想法，还指控我是韩国的特工，意图破坏朝鲜与美国的关系。当我拒绝出席一场朝鲜儿童的特别歌舞表演时——尽管是为款待我而举办的，但在美军飞行员仍然遭到拘留的情况下，这显然不是我度过下午时光的合适方式——宋副部长差点把我丢在停车场。而在我强硬地拒绝

---

① 印第安人的部落间用来结束战争的信物。如果两个部落同意讲和，就用这个烟斗同抽一锅烟。——译者

② 《赌侠马华力》的主演。——译者

按计划出发前往机场离开时，他生气地对我说：“好吧，那你最好准备在这里待上几周!”我准备好了，我也这样对他说了，但我突然冒出了一个可笑的念头：当我被困在这儿努力营救这些飞行员的时候，谁会来营救我呢?

绝望总会招致荒谬之事。我在这里，要求会面，拒绝进入轿车，一遍又一遍地自我重复。就像一个在耍脾气的孩子，只不过是外交人员的版本。我几乎什么都做了，就差没跺脚发脾气了。但在那一刻，要是跺脚有用，这名国会议员肯定会这么做的。

遇到高风险的情况时，策略偶尔会陷入最无用的境地。

第二天，事况变得愈发荒诞。一切始于我提议暂时中断谈判，不为任何特别的原因——我们似乎早该花点时间冷静冷静。就像争吵不休的幼儿，我们需要休息一下。

我让朝鲜接待方确定我那天早晨的行程，以为那样会为我赢得一些好感。起先他们提出的计划并无恶意。我们乘坐了地铁。我们在一家百货商店购物。我们参观了一所考古博物馆。然而，当我们碰巧经过金日成的巨型铜像时，他们提醒我在“伟大领袖”的脚边献上一束花，我断然拒绝了。再一次，他们把我丢在了停车场。

不幸的是，我犯了个错误，忘了把我暂停谈判的宏大计划告知美国国务院。等我再度与他们联络时，他们确信我要不是叛变了，就是被绑架了。他们甚至请求德国大使馆寻找我的下落。倘若忽视我差点引发另一起国际争端的事实，我觉得这个想法还挺有趣的：让一群德国人驾驶着他们的梅赛德斯全速穿越平壤，询问是否有人见过一名从新墨西哥州来的乱跺脚的国会议员。注意！看到理查森了吗?!

那么，我们最终是怎么为这股疯狂的事态画下句点的呢？我们并没有做到。宋浩京花了一整天——在他不断爆发怒火的间隙——说通了军方。尽管他没有明确说出来，我还是感觉到了，军方高级官员开始意识到这整件事情——一名谦卑的新墨西哥州议员，满怀爱国激情地踏上了朝鲜的土地，宣称除非能够救出他的两名美国同胞，否则他将不会离开——在全球媒体上表现得对他们不太有利。这是大卫在对抗歌利亚①。这里的巨人是百万之众的朝鲜人民军，而大卫赢得了这场公关战役。

就在这里，有着宝贵的一课：如果你能占据公众视野中的高地——无论是实际意义上的公众，还是一小群为最终结果耗费精力和时间的观察者——就能对坐在谈判桌另一边的人产生巨大的压力，而你甚至都不必做任何事，只要享受这种优势，情势会理所当然地倾向你这边，而且很有力。

我能看到这种压力正在产生神奇的作用。但在宋浩京带来好消息之前，他先分享了一个坏消息：其中一名飞行员死于坠机。

后来，我们了解到了整个行动的细节，其为代号“峰回 19”（Razorback 19）。12 月 17 日早晨，空军一级准尉大卫・希尔蒙和鲍比・霍尔驾驶他们的 OH-58 侦察直升机起飞。计划是让希尔蒙熟悉非军事区的大致轮廓，此前他从未在这片区域飞行过。然而，他们不小心进入了朝鲜领空五英里。一枚地对空导弹在他们近旁爆炸时炸坏了直升机的座舱罩，导致引擎故障。霍尔和希尔蒙试图启用紧急自旋操作，在关闭引擎的情况下让旋翼继续运转。但情况并未好转：飞行员们一直是在盲目飞行。来自田纳西州克拉克斯维尔的希尔蒙在坠机时不幸遇难。

我的任务从拯救飞行员转而变成确保希尔蒙的遗体得到应有的尊重待遇，并被立即交还给美国方面。察觉到情况的急转直下，就

① 《圣经》记载，非利士将军巨人歌利亚带兵进攻以色列，无人能够对抗他的力量，最后是牧童大卫用投石弹弓打中他的脑袋，并割下他的首级。这名牧童就是后来的大卫王。——译者

连一向不配合的朝鲜方面都不能再加阻碍。在我们的下一次会面中，宋浩京给出了一个提议。我可以带着希尔蒙的遗骸穿过非军事区进入韩国——只要我在他们的陪同下离开。此外，他还暗示，另一名飞行员将“很快”被释放。

还不够，我告诉他。我需要同时得到两项保证，希尔蒙的遗骸将会立即移交给我，并且霍尔会在圣诞节，也就是四天后被释放。尽管这项要求让我觉得有点不安，因为在我“急得跺脚”的一周后，我不希望留下霍尔独自离开——“丢下一个人”，像他们在军队里说的。但和美军在首尔的军事当局电话沟通过后，他们让我确信，有了来自朝鲜方面这样的保证就足够了。因此，第二天——我们短暂地耽搁了一会儿，理由相当可笑，我们被要求支付一笔高得吓人的宾馆账单：一万美元——我们穿过非军事区进入板门店①，我主持了一场肃穆的仪式，装着大卫·希尔蒙遗骸的棺木被盖上了一面美国国旗。

圣诞节来了。圣诞节过去了。而到了 12 月 26 日，霍尔依然未被释放。自我离开后，朝鲜方面“移动了球门柱”，现在，他们坚持美国必须首先“承认其作为进犯者的责任”，之后他们才会释放霍尔，后者新近被定义成了一名“罪犯”和间谍。稍后，我们了解到，他们还授意了一份声明，强迫霍尔签署并承认“此项犯罪行为是不能原谅且无可宽恕的”。尽管他们通过强迫手段得到了自己想要的“认罪声明”，美方依然再次前往朝鲜——这次去的人是副助理国务卿托马斯·哈伯德(Thomas Hubbard)——更强硬地提醒其有责任释放俘虏。他传达的讯息是：要是你们坚持称呼他为一名间谍，随你们的便，但请把他送回家来。即便到了那个地步，直到哈伯德——不是霍尔——也签署了一份声明，表达“对此事件感到真

① 位于朝鲜半岛中西部的小村庄，《朝鲜停战协定》签订于此。——译者

诚的遗憾”——称不上是道歉，但总是某样似乎能安抚外交部的东西——他们才最终释放了这名美国飞行员。

霍尔于12月31日晚上11点15分抵达佛罗里达州坦帕市。他错过了圣诞节，但还是及时赶回家，在家人的围绕下等到了45分钟后敲响的新年钟声。几天后，我在坦帕的麦克迪尔空军基地第一次见到了他。他对我说，他确信正是由于我坚持拒绝离开朝鲜这一行为给朝方施加的压力，才使他免于遭受折磨、挨饿或更糟的事情。我很欣慰听到他这么说。在谈判中，有时很难察觉到事情的进展。因此，我必须承认，从当事人那里得知我帮助了一名美国人与他的家人团聚，这份成就所带来的愉悦感是那种不会很快消失的感觉之一。

或许，正因如此，两年后，当我听说又有一个美国人陷入困境时，我毫不犹豫地接受了这项任务。

* * *

1996年8月，一名二十六岁的阿拉斯加传教士埃文·亨齐克(Evan Hunziker)被几个朝鲜农民抓住后移交给了当地政府，并被指控犯有——你猜对了——间谍罪。要是指控亨齐克为间谍的罪名属实，那你不得不承认，他在掩盖自己的真实身份方面自有一套：当农民们发现他时，他喝醉了，光着身子，正在游过鸭绿江，脑袋里只有一个模糊的想法，用他自己的话来说，他能够“推动和平”。

当时，朝鲜正处于一个急剧变化和动荡的时代——它将要迎来食物和能源短缺，同时还在前线上磨刀霍霍，把自己的其中一架潜水艇遣入韩国的水域。然而，尽管朝鲜因此对任何进一步的国际争端都十分敏感，一开始，似乎连朝鲜方面都不相信自己的媒体针对亨齐克的报道。随着事件得到媒体的关注，我在平壤的联系人立即向我发来通知，如果我要为前去协商释放亨齐克而申请签证的话，很快就能得到批准。就算是他们都看得出来，这名俘虏不是奥尔德里奇·埃姆斯（Aldrich Ames）①，他不过是个行事不当、深陷困境的年轻人。就像那时我所说的："我们就这么说吧，他就是作为游客有点太过头了。"

尽管如此，当我在11月作为克林顿政府的一名官方特使抵达朝鲜时，朝鲜方面的态度很清楚，他们不会让事情一帆风顺的。除却他们早先在给我签证方面的合作态度，一到我们坐到谈判桌前，他们就强硬了起来。即便是在那些本应轻易让步的地方，他们也不愿妥协。或许他们以为我是有备而来的，他们能够想方设法从我这里得到一些好处，或者拖延一些时间能够增加他们的筹码——我倒宁愿告诉自己，他们就是想要尽可能久地享受我迷人的陪伴。不管出于什么原因，我都碰了壁。

在谈判中，我学到了一件事情：如果情况在早期就陷入僵局，有时最好的办法是用言语丢下一枚手榴弹，好让你的谈判对手做出反应。既然如此，索性把话说开。在这种情况下，朝鲜方面甚至不愿回答一个简单的问题，比如"他是否健康？"——以一种比较友好的方式询问他们是否折磨了他——我别无选择。我拔掉了手雷上的针，把炸弹丢了过去，他们不可能不引起注意。

"你们至少能告诉我，他的手指甲是不是还在吧？"

我让这个明显带有挑衅意味的问题在空气里悬停了一会儿——没有微笑，没有进一步的解释。这是一次冒险，我带着几分不安等待着，看着翻译员忠实地把我的话复述过去，语气中毫无幽默之意。我的东道主会被激怒吗？幽默是相当主观的东西，尤其是眼下，很大一部分幽默感都在翻译过程中丢失了。

---

① 前中央情报局反情报人员，1994年被控为苏联从事间谍工作。——译者

谢天谢地，朝鲜方面做出了一如我预期的反应：在犹豫了片刻后，谈判桌那头的对手爆发出了一阵大笑，随后会议室里的其他官员也笑了起来。

在公开演讲中，有条惯例已经成了陈词滥调：用一个笑话开场。道理很简单——要是你能让他们发笑，你就已经赢得了他们的欢心，他们会更倾向于同意你之后说的随便什么观点。碰巧管用。在我的经验里，就算是在高度紧张的谈判桌上，一丝幽默也能让情绪得到释放，甚或更有用的是，让冷到极点的气氛缓和过来。这是一场赌博，但在这种情形下，你手握着庄家的优势。要是情况在一开始就明朗了，你愿意冒险说个笑话，而他们愿意对此报以一笑，那你们能达成协议的可能性就会大得多。你们双方都意识到了自己正在做的事情的可笑之处——这次，是在一张会议桌上就一个年轻人的命运进行争论——这本身就成了一种黏合剂。

那天，我们尚不知亨齐克是否危在旦夕。稍后我们了解到他确实身处险境，事实上，他们威胁要处决他。因此，我在开玩笑的时候，真的不知道亨齐克到底是好好地活着，还是面临着死亡的威胁。但有时解决一个生死攸关的问题的最好方式，就是不要把它看成一件攸关生死的事情。

笑声平息后，我很快意识到了他们的策略——他们想要钱。无可厚非，但他们的价码是十万美元——表面看来是针对亨齐克非法进入这个国家的罚款，但更确切地说，就是赎金——我可不吃这一套。美国的官方政策是我们不会支付赎金，因为一个非常现实的原因，那样做可能要承担对方违约的风险：有些事情与钱无关。再说了，要是你现在付了这些钱，以后你会付得更多。可是，另一方面，钱可通神。因此，我们很快协商了一个更合理的数字：五万美元。我们迅速想出一个说法，称之为亨齐克漫长的软禁期间产生的“旅馆费用”。（尽管我怀疑他是否点过任何客房服务。）11 月 27 日，埃文·亨齐克被移交到了我的监护之下。

我很想说一切都得到了完美的解决，然而，不幸的是，自由并不适合亨齐克。在飞回位于东京横田空军基地的航班上，他似乎丧失了判断力、脱离了现实——程度太过严重，以至于我必须小心不让他出现在我们着陆时聚集起来等待新闻发布会的几十家媒体面前。而在他的家乡，亨齐克面临六项轻罪指控，以及一项来自他前妻密友的禁制令。“他知道要是他回到阿拉斯加，”他父亲说，“只要一踏下飞机，当局就会把他丢进监狱。”自然，他不想从一个监狱换到另一个。

不幸的是，他选择了一条更糟的道路。

就在圣诞节前，在华盛顿塔科马港的一个酒店房间里，他用一把点 357 马格南手枪射杀了自己。

世界想要看到他被拯救。我们拯救了他。可他没能拯救自己。

有时，让两个发誓敌对的国家达成协议的难度，甚至小于让一个生命从自我毁灭中拯救自己。何其悲哀。

* * *

我曾去过八次朝鲜，有时是出于人道主义任务，其他时候则是为了把人们带回家，让他们与家人团聚。我最引以为豪的一次经历，是将七名参加了朝鲜战争的士兵的遗骸带回美国。2007 年，我作为布什政府的一名特使前往朝鲜。我曾期望，就朝鲜方面而言，类似那样的姿态能够改善两国之间的关系。但我的期望从没实现过。

2010 年，在我州长任期的最后一年，我前往平壤，试图平息朝韩之间的矛盾，当时两国间的敌对情绪已经累积到了一触即发的地步。此行由美国有线电视新闻网的沃尔夫·布利策全程报道，他也与我随行。我极力劝说朝鲜当局在一种极度紧张的气氛中保持冷静，我确实相信我的访问促使朝鲜方面退出了这场对峙，同时展现出在我看来极为罕见的自我克制。

这些访问无一是轻松愉快的。有些事注定会出岔子。有一次，我们前往朝鲜寻求一些在朝鲜战争行动中失踪美军的下落。我的朋友卡尔文·汉弗莱（Calvin Humphrey）被介绍给了一些朝鲜官员，准确来说，他的头衔应该是国务院情报委员会的民主党高级顾问。当时的口译员工作得相当随意，突然，整个房间里的朝鲜人员都暴怒了。我们又叫来一个翻译才搞清楚是怎么回事。卡尔文被介绍成了一个“间谍”。

正是为了类似这样的时刻，我的伙伴托尼·纳姆昆（Tony Namkung）——他经常随我一同前往朝鲜，总是随身携带着同一顶值得信赖的帽子。“这是我的朝鲜帽子，”他说，“那样，当我们要为了这趟伟大的冒险降落在平壤时，我会对每个人说：‘坐稳了！’而我有自己的帽子可以抓牢！”①

他的观点很对：在朝鲜，你就是永远不会知道自己在蹚的是哪趟浑水。毫无疑问，在最近这次和埃里克·施密特一起经历的冒险之旅中，我不可能知道本该与领袖见面的自己会在这里瞪着他父亲和祖父毫无生气的躯体，周围是一群正在鞠躬的朝鲜军官。

在朝鲜，你唯一能够完全信赖的东西就是气候。2013 年 1 月，就算是在我们参观“太阳宫”的时候——每个人都感觉到了它的名字透露出的反讽——那里也很冷，不仅是为了把前领袖们的身体保存在冰上。

很难形容我们在最近的这次访问中感受到的渗透朝鲜的寒意。

---

①. 原文为 Hang on to your hats，意为坐稳、当心，这里取了它的字面意义做了文字游戏。——译者

室外，温度远低于冰点，始终维持在大约零下十华氏度。挤在室内并不能有多少改善。在朝鲜从未有过室内取暖系统的先例。这个国家负担不起这笔支出，而我们遇到过的朝鲜人都早已习惯了寒冷，不仅如此，他们似乎并未注意到(或觉得奇怪)，自己在室内依然穿得鼓鼓囊囊的。

我有好多天没脱掉过围巾了，就算是在室内——这个时尚选择显然吸引了朝鲜以外世界的注意。回国后，我发现了一篇专注于此的博文：比尔·理查森访问朝鲜时，随时随地都戴着围巾。它出现在一些关于朝鲜的知名摄影博客上，与金正日另眼相看的东西和让金正日微笑和皱眉的事物为伍。我感到荣幸。也许接下来我就要收到一张肯辛顿大学的文凭了。

这份寒意产生的影响中最值得称道的一点可能是：在大部分会面的开头，我们的贵宾接待人总会为此道歉。尽管他们已经相当习惯了，他们清楚地知道，外国人并不适应这种寒冷。我怀疑那也是他们的一个狡猾的谈判策略，用寒冷牵涉我们的注意力，让我们冻得瑟瑟发抖。尽管我们能够用缺乏室内供暖系统来评判他们的社会困境——他们绝对需要改善经济状况，那样才能在未来找到办法负担二十一世纪的物质消费——但没有暖气的我们也无法提出自己的观点。当房间处于零下的温度时，很难打破这里的沉默①。不管怎样，每次我们还是透过冻得打颤的牙齿向他们保证，没必要对我们道歉。(我们没指出他们真正应该道歉的对象是他们的国民，普通民众缺少足够的电力保障，不能在自己的家里取暖。)

但我还是想尽我所能地让事情有所进展。按照计划，我们只会再在朝鲜停留一天。如果我们想见到最高领袖金正恩，或者就我们的其他谈判要点取得任何进展——释放裴，以及保证朝鲜军方不会

---

① 原文为 break the ice，利用其字面意义做了对应。——译者

继续进行核试验——就得赶快了。

我们的下一个——也是最后一个——既定的与外交部副部长和朝鲜核问题首席谈判人员的谈判议程被安排在平壤的一家高级餐厅里。它的开场一如既往：为寒冷道歉，以及一串冗长的、形式化的重复，讲述他们的“敬爱领袖”金正恩在掌权以来的短短一段时间内取得的伟大成就。“尽管一年不是一段很长的时间，”外交部副部长李英浩(Ri Yong-ho)开口道，“在此期间，领袖赢得了超乎想象的敬意。”

超乎想象，确实。

“你们都穿着外套，因为寒冷。但就算是在这样的寒冷里，你们肯定也从很多方面看到了我们敬爱的领袖帮助国家取得的进步。”

并没有，不过我肯定你会告诉我们的。

“他带来了政治稳定。他再次聚焦于我们的经济发展。他主持了一次成功的卫星火箭发射。”

是啊，我们看到了。尽管我们也许对你的说法持反对意见，不仅仅是针对卫星。

显然，就算是在此刻，在我们最后一次的既定会面中，他们对于最近的导弹测试行为将不会有让步——或者道歉。现在他们的导弹水平已经达到了他们自我想象的程度，就不再需要道歉了。他们认为自己在谈判桌上的地位已经得到了提升。

但在这次会面中，李英浩又更进了一步。

“因此，是的，我想说的是，我们可以互相合作。我很乐意把你们引荐给敬爱的领袖。我很乐意做所有这些事情，原因只有一个：我喜欢你，理查森先生。”

听你这么说，我很高兴。

“只不过，不幸的是，”他继续道，垂下视线盯着他自己的那碗面，“美国方面选择与朝鲜对着干，你们一直持挑衅行为和战争姿态。你的国家选择与我们为敌。”

啊哈。

我一直都在等着这份总结陈词，也知道要忽略它。在过去几十年里，这是朝鲜宣传中设计好的、不断出现的主题——利用国民对美国即将发起的攻击的恐惧来控制他们——我也没指望它会在我们访问期间销声匿迹。它和寒冷一样无处不在。

尽管如此，这番宣传攻势理所当然还是经常会让我感到震惊。就算是被留在宾馆咖啡桌上欢迎我们的杂志都在清楚地做出提醒：我们来自一个为非作歹的国家。杂志的最后一篇长文是关于美国的——或者，更确切地说，是关于那个“扰乱与打破和平的罪人……铁了心要在朝鲜发动一场新的战争……破坏和平与稳定的祸首”。作为一个官方的欢迎姿态，这可真是一次不错的问候。

理所当然地，我期望与领袖会面的其中一个原因也出现在这同一篇反美长文中：“对话与对抗无法共存，和平与战争亦是如此。”我想要促进对话，并以为与领袖的一次会面会是最有效的方法。此外，我也期望与金正恩的会晤能够推动我们的其他目标——除了那些不言而喻的理由，还有更深层的原因。

首先，我们在此逗留期间，金正恩庆祝了他的三十一岁生日。(或者是他的二十九岁生日，也可能是三十岁。我们无法确定，因为没有确切记载“敬爱领袖”年龄的记录。)除却其他因素，我们曾暗自期待，就算是为了庆贺他的生辰，“敬爱领袖”也许会把裴移交给我们。他的父亲金正日经常会为了庆祝自己的生日而实行大赦，释放上千名低位朝鲜囚犯回归自由，展现出他的(也就是一年一度的)仁慈。或许，我们暗忖，会上演一出“有其父，必有其子”的戏码。

我们也在私下里互相开开玩笑，揣测金正恩也许还为他在一个多月前获得的提名而变得宽宏大量起来，“2012 年世界上最性感的男人”——由影响力不输给任何主流媒体的美国讽刺新闻来源“洋葱”网站授予的一项“尊称”。就在今年早些时候，“了不起的辱骂者”——因其针对我们这些“帝国主义的混账美国佬”荒谬夸大的言论而被冠上的绰号——又超越了自己，报道了独角兽的存在——确切的内容是，“科学家们再次发现了”曾被古代朝鲜创建者驾驭过的独角兽的诞生地恰巧就在平壤，又恰巧进一步印证了现行政府统治的合法性。有些事情你可编造不来。

不管怎么说，我们推测，“世界上最性感的男人”肯定不会需要一个囚犯。毕竟，除了证实他的仁慈，还有什么能让一个性感的男人显得更加性感呢？

当然，我们希望的主要进展还是建立在领袖自己的话语上——在我们到达前几天，领袖发表了一通罕见的新年演说，之后被国家媒体循环播放——声称他急切盼望将这个军事优先的国家转化成一个经济优先的政体，“使其成为一个新世纪的经济巨人，从而实现大将军的愿望。他终其一生都致力于改善我们人民的生活，以期让他们不再羡慕世界上的其他国家”。而事实上，“就像那些征服了外太空的卫星科学家们，我们应该致力于一场积极的运动，不断开拓科学与技术的新领域，从而使我国的总体科技水平尽快达到世界标准”。

基于他演说的内容，我希望同行的埃里克会成为我此行的王牌。我在我们大部分的谈判中都这样介绍他：“他也许不是我们国家的领导者，但他是我们国家经济的领头人之一。”金正恩就不想见见谷歌先生吗？

而在最后的这次会面中，我把所有这些话都搬到了台面上。

“为什么不呢？你们有什么可损失的呢？”我问李副部长。

他顿了顿，挤出一个不怎么明显的笑容。

“我喜欢你，理查森先生。”他又说了一遍。

得到这样的回答，我知道事情有可能变好，也可能会变坏。

“既然那样，为什么我们不能在这件事上合作呢?”我问。

他告诉了我。在之前那些会面中，他们一直小心翼翼地对待这个问题，但现在他们已经准备好理直气壮地回应了。“我们不能在这件事上合作，是因为，”他理所当然地说道，“你们自己的政府都不希望你们在这儿。”

哦，是啊，我或许应该提一提那点的。

他是对的。我们自己的政府都不希望我们在这儿。我们是顶着美国国务院的谴责来到朝鲜的。就在我们启程前几天，国务院发言人维多利亚·纽兰(Victoria Nuland)在她的每日新闻发布会上被问到有关我们这趟行程的问题，她说：“我们当然注意到了这次行程……坦白说，我们不认为此行的时间点特别有利，而他们也清楚我们的看法。”她用了超过半打不同的说法，在之后几天里又把相同的内容重复了十几遍。我感到有点恼火：我觉得我应该被信任，作为克林顿总统内阁的一员，我兢兢业业地工作了那么多年；作为一名谈判人员和驻联合国大使，我在几十个国家上百次地证明了我在外交方面的诚意——朝鲜在其中是特别突出的存在。此外，我已经应国家的要求推迟过一次行期，等到韩国总统选举结束。我是一名恪尽职守的士兵。

但情况依然没有改变：受到美国谴责的事实让我们与朝鲜方面谈判的难度骤增。李副部长和我不再单独对话，我们的代表团也不再直接与接待我们的人员对话。眼下有太多的谈判人员牵涉其中，而其中一方——美国国务院——甚至都不在这个房间里。他们不曾长途跋涉来到这里，但现在他们是最显眼的存在。

因此，我承认来自美方的谴责确实给我增添了一丝烦恼，因为它与我的一条主导原则大相径庭：谈话总是一个更好的主意，即使是与我们的敌人。冷漠只会加深裂痕。就算是发生了最近的导弹测试，我相信谈话也好过闪避，因此我不确定国务院为什么觉得他们应该妨碍一次万事俱备的行程。考虑到我在2008年总统选举期间拒绝向她表示支持，谁知道呢：有可能即将卸任让位给约翰·克里(John Kerry)参议员的国务卿希拉里·克林顿决定在她离开前给我最后一击。

倘若情况真是那样，那它还真奏效了。少了国务院的批准或支持，情况已经很明显了：这次，我带来的帽子不够好。随着我们的晚宴接近尾声，我们的希望也渐趋渺茫。朝鲜方面不愿交易。他们最官方的解释是："要是我们给了你们想要的，就会引发你们国务院的不满，既然他们已经告诉你不要来了。"

好了，我可不会自恋到那种程度，否认我们代表团得到的坏消息也许是对我们国家的好消息。朝鲜方面看到一个新的国务院正在整装待发——这次是由参议员约翰·克里领衔的——而朝鲜想要为这段新的关系提供一次契机。屈从于一个以个人名义前来的公民，比尔·理查森的愿望，或许会传达一条信息，那就是朝鲜不怎么在乎国务院的权威。

我们回国后，我很高兴把这件事向两方面做了报道，公开地——在《华盛顿邮报》上，我撰文称那是"与朝鲜重启关系的时刻"，而私下里——在一封写给美国副国务卿的邮件中，我力陈"与朝鲜之间的关系似乎出现了正面的转机"。我是认真的。

不幸的是，那个转机被关闭了。就在我们回国几周后，美国国家安全委员会宣布了又一项得到国家支持的决议：谴责朝鲜的导弹测试，并强制实施新的制裁。其反应可想而知，朝鲜宣布了新一轮的导弹测试计划，这次"对准了"美国。他们曾当着我的面言之凿凿，这些导弹测试只是"为了卫星，别没的"，而今这个问题的答案也就不了了之了。这次他们不再遮遮掩掩。朝鲜国防委员会的官方声明令人寒心："我们不会否认，在接下来的行动中，朝鲜将会竭尽全力，发射一系列卫星和远程火箭炮。同时，一次更高级别的核测试也会被落实。这项行动将会是延续了几个世纪的反美抗争的新阶段，其目的在于对抗美国，朝鲜人民不共戴天的仇敌。”要是美国不想交谈，朝鲜也不想。“与美国的清算必须要以武力，而非言语实施，既然美国认为丛林法则①是其生存的规则。”

几周后，他们兑现了他们的威胁。朝鲜又测试了一组核装置，这次比前两次规模更小，因而更易携带——也更危险——朝鲜方面坚称它能够落到美国本土。在这次测试之后，他们的外交行为变得愈加难以预测：邀请美国篮球明星丹尼斯·罗德曼（Dennis Rodman）和三名世界篮球争霸赛选手访问朝鲜。（这么说吧，要是那群人能够确保肯尼思·裴被释放，我会永远退出外交舞台。）

很难推断朝鲜方面的动作。但我清楚一点：下次——要是我能帮得上忙的话，会有下一次的——我会戴上一顶不同的帽子。

同样的围巾，很有可能，但不会是同一顶帽子。

① 丛林法则（jungle law）是自然界里物竞天择、优胜劣汰、弱肉强食的规律。——译者

3

萨达姆·侯赛因和埃及“施暴者”

都是因为鞋子

是因为我说了什么吗?

我转向我信任的顾问卡尔文·汉弗莱求助，可他也只能耸耸肩。显然并非只有我，他也不明白刚才这里发生了什么该死的事。

我们只知道自己看到的东西：在一场为释放两名被伊拉克囚禁的美国公民而进行的谈判进行到一半时，总统萨达姆·侯赛因(Saddam Hussein)，当着我们的面用他的拳头狠狠地砸了一下桌子，冲了出去。从他自己的会议室里。在他自己的宫殿里。再见，宝贝，再见①。而我完全摸不着头脑，自己到底做了什么惹怒了他。

侯赛因不是一个容易发火的人，而我们——也可能是某个人或某件事——激起了他的怒火。我搞不懂怎么可能是因为我说过的某句话，因为他是最后一个说话的人，而我甚至都没做过类似打断的动作。事实上，我认为自己的礼貌无懈可击。而他摔门离去的时候，身后的桌子还在晃动。这意味着现在就剩卡尔文和我了，除了一群我们新结识的最亲近的朋友：八名怒目而视的共和国卫队成员围绕着我们，还有伊拉克外交部长塔里克·阿齐兹(Tariq Aziz)。没人提出要帮助我们，或建议我们接下来该做些什么。

我转向整个房间里最中立的人，我的翻译。

“这他妈的究竟怎么回事?”我问他。

“你跷二郎腿了。”他说。

“什么?”

“你跷二郎腿了。”

“所以?”我问。

“你的鞋底露出来了。”

“所以?!”

“在阿拉伯文化里，这是种侮辱。”

我想说，在美国文化里，谈判中不加解释就冲出去也是种侮辱，但我选择把这话留给自己。(再说，我自己偶尔也会使用相同的策略，你会看到的。我有什么资格评判别人呢?)

“那现在会怎么样?”我问。

翻译简短地回答:“你惹麻烦了。”

塔里克·阿齐兹终于开口了。“你必须道歉。”他说。

“对谁?”我问道，“一张空椅子？他跑开了，塔里克。你想让我怎么做?”

“理查森议员，”他又重复了一遍，“你必须道歉。”

我不确定接下来会发生什么。共和国卫队会因为我穿着一双“上了膛”的鞋子而逮捕我吗？萨达姆还会回来吗？卡尔文和我也会被扣作人质吗?

这不是我谈判中最棒的开场。

---

① 这句话也是美国作家丹尼斯·勒翰一本小说的名字，后被本·阿弗莱克改编为电影。——译者

*　*　*

任何谈判的开端都是不确定的，尤其当你对面的谈判对象出了名的阴晴不定。他不必是一个"嗜杀的独裁者"——你不会经常撞上这样的人——但要是他的性格介于偶尔的暴躁易怒和喜怒无常的疯狂之间，你从一开始就要走对棋。不谦逊地说，要是在过去这些年里我曾磨练出了一项至关重要的技能的话，那就是如何迅速对一个男人或女人做出评估，从第一次握手开始就能确定最合适的谈判基调。

确定基调是谈判伊始一项重要的角力。要是你能顺利奠定你想要的基调，你就制定了对话的框架：它的强度、它的坦率程度、它的舒适程度。要是你让另一方抢占了先机，就必须浪费时间和精力，把一切重新扭转到你想要的局面，那样你就更有可能踏入自己本不想涉足的领域。

哦，还有最敏感的部分：在尝试奠定基调的时候，最好的方式是揣度，最坏的方式是赌博。等你意识到自己搞砸了，一切就已经太迟了。

但就像萨达姆·侯赛因教会我如何强行扭转一次会议的基调，我必须得说，我在这方面走过最冒险的一步发生在我与埃及将军奥马尔·苏莱曼(Omar Suleiman)的遭遇中，他是埃及当时的总统胡斯尼·穆巴拉克的得力助手。时间回到2007年，作为"助理"领导人，无人能出苏莱曼其右。近几十年来，埃及在人权方面的记录可谓劣迹斑斑，公平地说，苏莱曼需要承担大部分的责任。自1993年起就一直担任埃及情报局局长的苏莱曼曾被指控折磨政治犯，并以此为目的运作着一个疯狂的系统。而且，他还是一个事必躬亲的人，据说他亲手实施了其中的一些暗杀工作。还有传言说，美国中央情报局曾要求苏莱曼提供一名基地组织成员亲属的DNA样本，而他给出了一个更好的提议："为什么不要整条胳膊呢?"

（公平起见，也有传言说他与美国在反恐特别行动中携手合作——那是"9·11"之后一项颇具争议的政策，允许我们的政府将想要审讯的恐怖嫌疑分子转移到那些可以折磨囚犯的国家。据说我们要是想毒打谁一顿，就会直接把他送到苏莱曼那去。）

简而言之，他是个坏家伙。就算他曾经——偶尔——是我们的坏家伙。

我此行的处境早就已经危机四伏。在2007年的这个节骨眼上，我在自己的总统竞选之路上遭到重击，我那名颇有见地的外交政策顾问米基·伯格曼（Mickey Bergman）建议我从竞选活动中暂时抽身，前去营救一名一年前被哈马斯组织绑架的以色列国防军士兵，吉拉德·沙利特（Gilad Shalit）。我们认为可以提议一次人质交换。但我们知道有两个不便的事实：首先，埃及希望成为任何此类交易的中间人；其次，他们肯定不希望外人过分积极地插手这档子事，因为任何可能在以色列与哈马斯之间发生的交易中都有他们自己的既定利益。过往的经验已经表明，与加沙地带有关的任何事件都是敏感的。

米基和我衡量着一个棘手的两难困境。我们应该首先跟谁接触？以色列人还是埃及人？米基指出要是没有得到埃及人对交易的首肯，就压根儿不会有交易了。首先与他们交涉会给予他们期望的尊重，也会发送一个信号，即我们知道他们是在此过程中的伙伴。但他也解释说，要是我们首先去找以色列人，就能直接听到官方消息，了解他们到底有多认真希望促成一桩协议。有了那样的信息，我们就能带着确实的情报去找埃及人。（不需要折磨什么人。）我们做出了决定：以色列优先。

我们必须悄悄地进行这件事。要是埃及听到了我此行的风声，我们就有麻烦了。我们为这趟行程编造了一个借口——我们公开宣称，我将只会从我的以色列和埃及伙伴们那里寻求在新墨西哥州进行经济投资。这很合理。在这些往来中，我确实为以色列和埃及在新墨西哥州可能的投资项目参加了一些会议。事实上，我在开罗为一群生意人做了一次经济相关的演讲，和我一起的还有新墨西哥州经济发展部部长弗雷德·蒙德拉贡(Fred Mondragon)。那是一次双赢的旅行，因为它也允许了其他谈判的发生。

我们在以色列二十四小时的行程如预期那样展开了。我们和总统希蒙·佩雷斯(Shimon Peres)、外交部长齐皮·利夫尼(Tzipi Livni)、克奈赛[①]的阿米·阿亚龙(Ami Ayalon)以及吉拉德·沙利特的父亲见了面。比起在新墨西哥州投资，他们对如何保障年轻的以色列士兵回国显然更感兴趣——对此我们毫不意外。

安排一次前往埃及的访问——同时确保一次与总统胡斯尼·穆巴拉克的会面——是一件更困难的事。要做到这点，我必须通过奥马尔·苏莱曼。

在我们动身前往以色列之前，我直接给他打了电话(米基奇迹般地不知通过什么办法拿到了这名铁腕人物的私人号码：你的团队就是有可能这样价值连城!)。我想要给他先留下一个印象。我也希望预先敲定一次和他见面的时间，以及安排一次和他的上司穆巴拉克的会面。起先他不大情愿，但在通话的过程中他渐渐地不那么排斥这个想法了。我可以感觉到他就快要同意了。就在那时，我做出了直到今天还让自己忍俊不禁的举动。当他最终同意见面——“好吧，我会在你抵达时向你致意”——并开始接着谈论其他事情的时

① 以色列议会，是以色列立法机构，实施一院制，由120名议员组成。——译者

候，我按下了黑莓手机上的挂断键，放下了电话。

不开玩笑。我挂断了世界最出名的强权人物之一的电话。

我看到自己已经实现了这通电话的目的——坦白说，也是我这通电话的唯一目的，因为我并不太有兴趣和一个“施暴者”聊天——而且我知道，再和他继续拉扯下去可能会导致让事情变糟的可能。所以，是的，我挂断了。

听起来不大礼貌？故意挑衅？哦，那是敲定胜利的一步棋，毫无疑问。要是你寻求的是建立一段长期的关系，那我就不推荐这么做。但我在打交道的是一个为了自己的目的(还有乐趣，就我所知)故意伤害别人的家伙。他需要知道，就算我们可以共事，但我对了解和认识他的兴趣仅限于此。

后来，当我在看电影《点球成金》[①]时，不由得面露微笑，因为我发现自己不是唯一一个使用这项值得商榷的非外交策略的人。在电影里，奥克兰运动家队的经理人比利·比恩(Billy Bean)在为一次关键交易与巴尔的摩金莺队的总经理谈判时，为了得到他想要的东西，他狠狠地挂了电话。彼得·布兰德(Peter Brand)——由乔纳·希尔(Jonah Hill)饰演——被搞得一头雾水。

“我觉得他还要说点别的。”布兰德说出了自己的想法。

比恩，打扮成布拉德·皮特的样子，用一种我只能表示赞同的方式解释了他的策略：“当你得到了你想要的，挂断电话。”

* * *

在以色列之后，是时候往埃及去了。我们在深夜飞抵开罗，为

① 2011年由布拉德·皮特主演的影片，改编自迈克尔·刘易斯的《魔球——逆境中制胜的智慧》，讲述棒球职业经理人比利和耶鲁经济学硕士彼得运用数学建模的方式挖掘上垒率的潜在明星，并最终取得成功的故事。——译者

两个重要的会面做准备。首先是和总统穆巴拉克的，由苏莱曼安排好了。那次会谈同样太平无事：总统和我理性地就可能达成的交换囚犯的协议，即换回沙利特的交易做了商谈。他证实了我们早就知道的事情：“我们希望这桩交易能成。”一个好的信号。

现在只剩另一块绊脚石了。你必须理解穆巴拉克和苏莱曼之间的权力拉扯。因为就算苏莱曼为我们安排了与穆巴拉克的会面，我依然认为我们需要穆巴拉克的许可才能继续与苏莱曼进行对话(有时高层间的事务就是这么运作的)。但我没直接提问，相反，我使用了一项在很多谈判中都奏效的策略：别直接询问一个肯定的答复，假设一个肯定的答复，随后就把它当成一个事实说出来，看他们是否会反对。就像这样：“总统先生，我想感谢你允许我与奥马尔·苏莱曼会面。”他只是点了点头。经验？要是他们没反对，就当他们同意了。是你的了。

迫近的与奥马尔·苏莱曼的会面让我们所有人的血压都升高了。我们只剩下一招可用，那就是再次向苏莱曼——也就是向他的上司穆巴拉克保证，无论出现怎样的交换囚犯的协议，埃及都会从中得到其应有的一切好处。

你也许会问，为什么不在第一次对话时直接向穆巴拉克保证呢？哦，那就是我提过的权力拉扯。苏莱曼有他的影响力。要是没能适当地，这么说吧，讨好他，他足以搞砸这桩交易。本质上，我们是被要求和他进行会谈的。因此，当我们手上只有再次做出保证的筹码时，我们需要说服苏莱曼别来搅局。唯一的另一项计划？跟“施暴者”闲聊吧。

那个被我挂断了电话的家伙。

因此，在我们与穆巴拉克见了面后，我们挤进一辆面包车里，驶向——

哦，事实上，我也不确定。

我转过身去问米基："去哪儿?"

他回望着我。

"我们要去跟苏莱曼将军会面，埃及情报局长……"

"那我知道，蠢货。"我笑了起来。他知道我不是真的在叫他蠢货。又或许我就是这个意思。

"可是他在哪儿?"我问道，"我们要去哪儿?"

这个节骨眼上，我们只是开着车漫无目的地在埃及乱转。

"我以为你知道的。"他说。

"我付钱给你是让你搞明白。"我说。

"哦，是……在……苏莱曼的办公室。"他窘迫地说。

"是啊，可那又在哪儿呢?"我逼问道。

米基再也拖延不下去了。

"好吧，我猜我们只要到处乱转，直到闯进一大堆正在折磨人的牢房里，苏莱曼会在那附近的什么地方。"

我必须承认，我认为这很滑稽。就跟我们不得不停到路边，问一个陌生人"地牢在哪儿"一样滑稽。相反，我们联络了总统的工作人员，帮助我们找到了路线。而这段小小的对话上的绕路会被证实对谈判至关重要。

当我们抵达与苏莱曼的会面处时，我知道我必须践行自己一向都在鼓吹的一条关乎所有谈判的策略。奠定正确的基调，尽快。

因为我们踏入的是一种完全不对的氛围。噢，那不是地牢，本身不是，但考虑到我认为需要奠定的基调，那里感觉有点危险：一张长得惊人的桌子，两边各能坐下十人；记事本和瓶装水被仔细地放在桌上，营造出一种非常正式的氛围；而且，在苏莱曼那头，十个怒目而视的男人，奥马尔招募的九名雇员，让他看起来愈发咄咄逼人。

我做的第一件事就是壮大我的队伍。我本计划就让米基和克林顿的一名工作人员罗伯·马利(Rob Malley)随行在侧，但那就意味着我们在数量上陷入了令人尴尬的弱势。我环顾四周，很快地告诉一名从新墨西哥州一路陪同我们来到这里的非武装安保人员马库斯(Marcus)和我们坐到一起，摆出他能做到最好的“我也是一名外交官”的表情。他乐意为之，而我感激不尽。要是一个门卫经过，我或许也会把他拉拢过来的。

但那只是成功的一半。我知道剩下的一半必须在接下来的几分钟里得到落实。苏莱曼开始自顾自地发表他对国家事务的高见，以及在他看来以色列、哈马斯和埃及之间实现制衡的重要性。换句话说，他在奠定基调。那也意味着我们不在谈论沙利特。我们必须谈谈沙利特。

因此大约过了九秒，我打断了他。没错，我打断了一个或许因为比这微不足道得多的事情就折磨别人的男人。

“将军，将军，将军——”我说。他露出了明显的讶异。“将军，”我继续道，“我很快就会让你继续你的演说。但我必须先问你一件别的事情。”

他回瞪着我。

“我必须要问的是，”我看了看米基，然后再次看向奥马尔，“在来这儿的路上，我问了米基——”

我指了指米基，这个一脸惊恐的犹太人，他不知道我这是要唱哪出。

“——我们怎么才能知道要去的地方在哪儿。他说我们到的时候自然会知道的，因为会出现地牢，而我们会听到尖叫声。”

米基就快晕倒了，但我还在往前冲。

“可我必须得说，奥马尔，这跟我想的根本不一样。你的办公室太棒了！”

死一般的沉寂。

有大约十秒钟(米基坚持说更像是十个小时)，奥马尔·苏莱曼只是盯着我们看。

接着他突然爆发出一阵大笑。他的手下们发现自己可以照做，他们也笑了。自那一刻起，会谈的氛围变得和我想要的一样轻松。事实上，没过多久，我就对将军提议，“你为什么不让你的人离开这个房间呢？我也会让我的人出去，然后你和我可以坦率地谈谈这件事情。”他同意了。

就这样，最后，奥马尔·苏莱曼没有折磨我。但我感觉米基·伯格曼可想这么做了。

那是次博弈，可它成功了。

*　*　*

可以这么说，萨达姆·侯赛因是那个教会我这类博弈行为有多必要的人，一点不假。1995 年 7 月，在我等着他回到那次在宫殿里的会谈时——我的双脚现在牢牢地踩在地面上——我盘算着自己在高风险谈判中的第一次重大博弈。在当时这令人惊恐，毕竟总统显然已经被我给惹毛了。该死，我冲自己发火——我对阿拉伯文化的忽视让总统夺取了这场会面的基调。事实上，是彻底掌控了整个局面。

好吧，我可不打算退让。我到那儿去是有原因的。

我是被彼得·伯恩(Peter Bourne)紧急召去巴格达的，他曾是总统吉米·卡特(Jimmy Carter)麾下的缉毒官员。伊拉克人通过他联系到我，问我能否在让牵涉在内的各方都满意的情况下帮助释放两名美国合同工，他们在三个月前被逮捕了。如今很难想象，但那段时间的伊拉克相对而言还算太平——在海湾战争[1]结束四年

① 1991 年 1 月 17 日至 2 月 28 日，以美国为首的多国部队在联合国安理会授权下，为恢复科威特领土完整而对伊拉克进行的局部战争。——译者

后——由联合国实施的制裁在当时被看作是成功的。就算是众所周知的麻烦制造者萨达姆·侯赛因都没能捣鼓出过去常常会引发国际社会注意的动静。但在那年的3月13日，伊拉克又一次占领了头条，萨达姆的边防部队逮捕了两名美国合同工，声称两人非法进入了他们的国家。四十四岁的大卫·达利贝蒂(David Daliberti)和三十九岁的威廉·巴隆(William Barloon)一直在邻国科威特当石油机械工，两人都是国防部的合同工。他们此前在伊拉克境内失去了方向，正在试图寻找一处联合国观测站。他们遭到扣留，被指控非法进入伊拉克。就算是像那样一个小小的过错都可能招致严厉的判决，而两人确实被判在阿布格莱布监狱监禁八年(是的，那个阿布格莱布监狱①)。

尽管克林顿政府并未就非法穿越国境的指控做出抗议(显然这些人喝了几杯啤酒，没好好看看自己手上的地图)，但作为一种人道主义的表态，他们确实施压要求释放两人。我就是在那时介入的。彼得·伯恩已经告诉过我，吉米·卡特和杰西·杰克逊(Jesse Jackson)②都试着在这件事上取得进展，但他们的尝试都停滞不前。或许我可以重新启动这个过程，我乐意尝试。

政府方面对我的指示很清楚：“在这件事上你得完全靠自己。我们不想让任何人听到风声，说你在跟伊拉克人对话，因为他们是我们的敌人。但我们想要这两名美国人被释放。只要你待在雷达能探测到的范围内，只要你不搞砸，我们就什么都不会说。但要是你搞砸了，要是事情泄露出去，我们就会宣称对此一无所知。”

---

① 此监狱位于巴格达西郊，在上世纪六十年代由英国公司承建，后来逐渐成为集中关押政治犯的监狱，在伊拉克臭名昭著。2002年萨达姆连任总统后宣布大赦，大多数政治犯和除杀人犯以外的刑事犯都被赦免，而后此监狱基本被废弃。美军进驻伊拉克后接管了这里，后被曝出“虐俘事件”。——译者

② 美国著名黑人运动领袖。——译者

在接下来的几个月里，我频繁地飞往纽约，面见伊拉克驻联合国大使尼扎尔·哈姆敦(Nizar Hamdoon)。那是一项冒险的任务，我必须非常小心不要向我在华盛顿的同事们透露这些旅行的动机。而命运总是一如既往的残酷，我不断地在机场撞见我们自己的驻联合国大使玛德莱娜·奥尔布赖特(Madeleine Albright)。直到今天，我还为自己对她说的那些谎言感到愧疚，这都是为了不让她怀疑我去纽约的真正原因。我要去给一个西班牙群体作个演讲，我对她说。呃，我要去华尔街为新墨西哥州招揽点生意，我坚称道。我或许还对她说过我要去看一场尼克斯队的比赛。事实上，也许我的确去了。

除了这些保密工作，我一直和白宫保持着私下的联络，也定期征询国家安全顾问托尼·莱克(Tony Lake)的意见。他指派了自己的一名中东顾问来帮助我驶过这片危机重重的外交水域，应对这桩与全世界最难预测的其中一个政权打交道的外交兼差。

就着一顿奢华的伊拉克盛宴，哈姆敦证实了伊拉克当局并不特别想要继续扣留两人。尽管如此，大使还是提了一打要求作为释放两名囚犯的交换条件，包括克林顿总统正式写信给萨达姆感谢他的行为。我知道哈姆敦并不擅长于此，所以我都懒得让他继续发挥下去。

“不可能。”我对他说。

“那是必须的。”他说。

“不可能，尼扎尔。要是你再要求一次，我就走了。”

“议员先生，侯赛因总统要求——”

我没再说半句话，起身离开了。

在谈判过程中离开是一个大胆的举动——问问萨达姆好了——但要是你占据着更有力的位置，或者要是你的谈判对手远不是另一方的最后裁决人，你通常都能侥幸蒙混过去。一次。

这奏效了。一周后，哈姆敦打回给我，要求继续我们的对话。为了安抚他，我告诉他，克林顿总统什么也不会给，但要是他们同意让两名合同工跟我一起回来，我会以美国国会议员的身份发表一项声明。他同意了。

两名合同工的妻子在国际媒体上打了一场强有力的(而且出人意料的成功的)战役，把伊拉克当局逼进了窘迫的境地，迫使他们释放她们的丈夫。当局已经准备好这么做了。尚不清楚的是萨达姆本人是否准备好放他们走了。不过要是他准备好了，卡特总统或杰西·杰克逊无疑早就该成功了。就连哈姆敦都不敢肯定。"那取决于他在巴格达和你会面时的感受。"他说。

感谢老天，在三个月内和哈姆敦见了十次面，敲定了细节和基本准则后，我和卡尔文登上了前往巴格达的班机。我们肩负着自己能够想象的最艰难的任务：前往全世界有史以来最棘手的地点，看看我们能否让全世界顽固不化的专制者听从我们的意愿。

除了已经获得的许可，我有种预感，这次旅程会是我最艰难的谈判之一。但我并不知道它还会成为最奇怪的之 。

* * *

在最终要前往巴格达之前，卡尔文和我在约旦的阿曼停留了一下，和美国大使韦斯·伊根(Wes Egan)见了面。我们认为那是一次处理内务的拜访，但他为我们的这次旅途带来了第一个令人不安的消息。当我们还在飞行途中时，一家伊拉克广播电台声称就在前一天，巴隆和达利贝蒂试图逃跑的举动被阻止了。基于广播的时间，我们认为那是完全的胡扯。伊拉克人知道我正在往他们那里去，就为了协商释放那两人。他们想要施加哪些影响？他们想出卖我，让我失败吗？

另外，伊根说他还在约旦皇宫与参谋长谈了话，得知国王侯赛因·宾·塔拉勒(Hussein bin Talal)产生了一种不同于我跟哈姆敦谈判结果的印象：我事实上是要为萨达姆带去克林顿总统的正式道歉，并全权代表美国政府发言。伊根曾试着澄清不会有来自克林顿方面的道歉，而我也只是作为一个单独的国会议员而非政府的官方使节前往那里。

对于一个要与来自如此多方面的国际力量交涉谈判的人而言，那是一个充满暗礁的时刻。为什么会有危险？哦，我越是对伊拉克人坚持我并不代表美国政府，我就越有可能违反联邦法律。

自十八世纪最后一年以来，美国的书籍上都印上了一条法令，明确禁止任何平民，“无论他是谁”，“与任何外国政府或任何官员或相关代理人”进行“任何通讯或交流”——换句话说，谈判——“试图对任何外国政府的措施或行为施加影响”。

这条法令在约翰·亚当斯执政期间得以通过，此前和平主义者乔治·洛根(George Logan)脱离了政府的控制，并试图以个人名义直接与法国政府进行谈判。他的目标是出于好意——他仅仅想要避免一场与法国的战争——而且据说他在某种程度上起了点作用。从历史角度而言，与其说《洛根法案》是条有效的法令，倒更像是威胁。没人曾因违反这条法令而获罪。洛根自己成了一个受欢迎的形象，甚至被选为宾夕法尼亚州的参议员——从而赋予其自诩的权利以合法性——尽管他尽力尝试了，甚至用上了他被国家赋予的全新的权力，他也从未成功废除这条以他的名字命名的法令。

我的目标同样出于好意，但那并不能免除我如履薄冰的感觉。即使听起来有点牵强，但事实就是那样：我试图把美国合同工从伊拉克监狱里拯救出来的举动很可能把自己弄进美国监狱去。

* * *

第二天早晨，我们踏上了一段令人精疲力竭的、长达五百一十英里的车程，从约旦出发，穿过伊拉克沙漠。这段路程颇为颠簸，偶尔因为兜售各类物品的小商贩造成的交通瘫痪而减缓了速度，甚至完全停了下来，其他时候则以超过一百英里的时速飞驰在平坦的沙漠中。我们一伙人转乘了好几次不同的车辆——就像我们在试着甩掉某个跟踪者——最后一程是由一辆黑色的高性能梅赛德斯载完的，司机似乎颇为反感刹车踏板的存在。然而，当我们的座驾过热，或路况变得乱七八糟时——坑洞、骆驼，或是海湾战争中遗留下来的武器残骸——就会陷入突然的、近乎停顿的状态，这让司机相当懊丧。我们几乎开了整整一天。要说我们抵达巴格达喜来登酒店时差点以为那是一片海市蜃楼会有点过于夸张，但我从没这样期待过躺到一张如此平庸的床垫上。

不幸的是，睡眠并不在我们的日程上。伊拉克外交部长塔里克·阿齐兹想要立即会面，尽管当时已经过了晚上十点。我知道他们的把戏。倒不是说他们有多着急：他们知道我们在长途跋涉后肯定累坏了，而这将会成为萨达姆的一项优势，无论接下来我们要谈判的是什么。我必须承认我也用过同样的策略：趁他们疲惫不堪时拿下谈判。

会面的时间似乎毫无商量的余地，因此我们把行李丢进房间，飞速赶往外交部进行谈判之前的谈判。

开场并不乐观。塔里克起草了两份文件，希望我能够在见到萨达姆之前签署：第一，一封暗示克林顿政府为释放两名美国罪犯的人道行为表示感谢的信件；二，一份承诺书，保证无论萨达姆和我可能达成何种共识，都要进行第二次后续访问。为了争取时间，卡尔文和我撤到一间单独的房间里，非常简短地讨论了一会儿，一致认为我什么都不能签。我感到挫败，可以这么说。这就像与伊拉克大使尼扎尔·哈姆敦的十次会谈从没被传达给他的上司一样。

夜深了。感谢老天，塔里克的英语说得很流利——他在巴格达大学学习过这门语言，而且在加入复兴党[①]前曾是一名记者——因为要是我们还得等待翻译的间隔，我相当肯定我会当着他的面睡着的。我只能假设这会导致冒犯。尽管时间不早了，塔里克之后还是和我们待了好几个小时，谈论的内容与我之前设想过的此类会晤的议程如出一辙：抱怨落在美国人手里的伊拉克人受到的对待。我可以在这里写下所有的细节——他发泄了好一通——但简单来说，他想要美国，还有联合国，减轻对那些贫穷的、被围困的、饱经战争创伤的国家的制裁，即使它们曾踏上歧路。

我本可以就这一点提出异议，但我没有。

最后，在谈了好几小时类似的话题后，塔里克通知我们在第二天与萨达姆会面，而他期望就两名被扣押人员的释放问题进行探讨。

“很高兴听到这点。”我说。

“或许。”他说。

“为什么只是或许?”我问。

他重复了哈姆敦在几周前说过的话。“那取决于你和萨达姆说话时他的感受，”他说，“我给你的建议？别惹他生气。”

在我心里，伊拉克总统突然成了无敌浩克[②]：

---

① 全名为阿拉伯社会主义复兴党(Ba'ath Party)，或译阿拉伯复兴社会党，成立于1947年，是一个激进的、非宗教的民族主义政党。——译者

② 漫威漫画英雄角色，曾被改编成多部电影。主角班纳教授在愤怒时会变身为绿巨人浩克。——译者

我生气的时候，你不会喜欢我。萨达姆，击溃吧！[1]

我哪会知道，是吧？

* * *

果然，第二天下午，我们被带往萨达姆的其中一处宫殿。我总觉得沙漠中突然冒出的宫殿是种诡异的景象，这座更不寻常。在内部，房间和我以往见过的那些一样华丽，但它们都空荡荡的。（美国人后来会逐渐熟悉这些宫殿的内部，在伊拉克战争期间，很多类似的地方都被联合部队用作总部。）但最奇怪的景象出现在我们被护送进和萨达姆谈判的房间时，令我们感到惊讶的并非它的装饰：几面墙上都挂着帷幔，或许是为了阻挡刺探的视线，但那些帷幔又遮挡得不够好，在其中一条帷幔的底部，沿着墙，就在它的下方露出来的，是六只鞋的鞋尖。

并非只有我们。

我们能假设的最好的情况是穿着那些鞋的人是萨达姆的保镖们——42.5码，据目测——不要在这个没有太多藏身之处的房间里引人注意。不管怎么说，这是一幕怪异的景象，而且是我整个外交生涯中最诡异的时刻之一。我好奇那些人是什么感受：你的全部工作内容就是警惕地站着，保护你的总统，同时你的脸又被挡在一面帷幔后面。我怀疑没有哪个情报机关的特工必须忍受类似这样的岗位。这整个时刻都让我发笑。我曾和不少独裁者近距离接触过，但从未近距离接触过紧靠在一起的脚尖[2]。

① 这两句话都改编自浩克的经典台词。——译者

② “近距离接触”的原文为 toe-to-toe，在这里作者玩了一个文字游戏，用 toe-to-toe 表示这些紧靠着站在一起的人。——译者

就在这时，萨达姆登场了——

等一下。

那不是萨达姆。当然长得很像萨达姆，连那撮小胡子都很像。但不是萨达姆。我考虑着可能有的情况。是他的其中一个替身吗？我曾听过有关收集“二重身”[①] 的消息，据说萨达姆这么干已经有好多年了——更多的是流言而非确凿的事实——那些因为在长相上接近伊拉克独裁者而被雇用的男人，可以被用来当作诱饵或是炮灰。这会是一个吗？我应该假装被骗到了吗？

接着另一个萨达姆走了进来，这个看上去不那么像原版，但还是少不了标志性的萨达姆式胡子。接着，在他之后，又一个萨达姆。再一个。就像是在隔壁房间里停着一辆装满了萨达姆的大众甲壳虫车。但随着那些不那么令人信服的萨达姆走进房间，我确定这些人就是著名的共和国卫队成员，通过仪表上的修饰来显示自己的忠心。但模仿不仅是最真挚的奉承方式，它同样具有杀伤力。这些特定的护卫是特派保护萨达姆的军官，是他的随行保镖。

（那么，我不得不提出疑问，那些穿着鞋子站在帷幔后面的男人究竟是谁呢？直到今天，我依然毫无头绪……也为之着迷。）

接着，真正的萨达姆走了进来。是的，这回是独裁者本人。

他是个壮实的男人，很高。我不想说他英俊，但他有种……这么说吧，存在感。我不是个容易胆怯的人——但他坐下并用他的黑眼睛瞪着我时，我承认我冒出了一个念头，我他妈的在这儿干什么呢？在萨达姆·侯赛因周身围绕着一个光环，但是黑色的。在所有我曾与之谈判过的独裁者中，到目前为止，萨达姆给人以最有压倒性的感觉。正如我的新墨西哥州副手埃里克·威特（Eric Witt）后来

① 德国传说中的妖怪，指隐藏在人心中的另一个看不见的自我，它的出现会吸走本我的能量，甚至杀死原身，此处引申为“克隆人”的意思。——译者

提醒我的，我在那次会面不久后曾说：“他的眼睛就像是死神的眼睛。”

那双眼睛，当然了，很快就会看到我的鞋底。

* * *

现在，我等待着，萨达姆冲了出去，而我必须挽救眼下的情势。翻译说了去道歉。外交部长阿齐兹说了去道歉。

是啊，当你冒犯了什么人，尤其当你的冒犯是出于你对他人传统的忽视，而且是在那个人的屋子里(或宫殿里，实际上)，道歉似乎是正确的举动。

正因如此，我对自己说，你知道吗？我猜他在等着我道歉呢。我猜他认为我是个懦弱的美国人。所以我不会去道歉。但我要表现出对他的尊重，而且我要推进我的日程。

于是我们都坐在那里。我无从得知这场博弈会付出什么代价，如果真要付出什么代价的话。然而道歉不能保证事情会有所进展，就像不道歉同样可能会造成的后果。于是又回到了奠定基调这回事。萨达姆从房间里冲了出去，劫持了发生在这个房间里的谈话的走向。我决定要把它夺回来，通过……等待。

事实上，我没什么可以拿来讨价还价的筹码。于是我制造出了一样有价值的东西：沉默。或者，至少，透过我的沉默能够看到力量的希望，还有我的沉静和耐心。

你听过这个表述：“度日如年”。是啊，我们正感受着呢。

十五分钟后，萨达姆回到房间里，仿佛什么都没发生过。

我试着在看他的时候保持面无表情，但暗地里我可是长舒了一口气。我们继续讨论着释放两名合同工的事宜。我没道歉，并且我认为他敬佩这点。到这会儿，我们的会谈已经接近一小时了，而两个美国人正指望着我。我集中精力切入主题。“作为美国人民和克林顿总统的代表，”我说，“我想要求释放那两名被你们监禁的美国人。”

萨达姆一言不发。

“要是我们想让这次会谈成功，你就必须开始相信我。”我说。

仍旧一言不发。

他感到困惑，或者至少他表现出来的是那样。因此我信赖了一条关键的谈判策略。我必须直截了当地指出他能从中得到的东西。

“目前我们两国的关系对伊拉克人民或美国都没有助益，而且很有可能为整片区域带来严重的后果，包括以色列—巴勒斯坦的问题。倘若你释放这两名美国人，我相信美国人民会感谢这个人道主义举动。”

说到那里，我停了下来。

轮到他了。

但是他没接话。相反，他只是坐在那里，用他那双黑色的眼睛，目不转睛地盯着我看。我知道独裁者们从不急着进行一段正常的对话。他们喜欢看着你自作自受。那总是些让人不舒服的时刻，你的谈判对手在耍手段，要不就是在试着让你来走下一步棋。我们往往有种倾向，想要填满沉默，就算只是为了缓解那种压迫感。那会很危险。在你说完自己的部分后，任何多余的举动都可能会惹来更多的麻烦。你可能会说出一些本不想说的话。下一刻，你就会发现自己是在跟自己对着干了。

于是我们就坐在那儿，沉默不语。一个僵局。

作为一个来自美国西部的人，我有点期待一群人乱哄哄的叫声，再吹来一株风滚草[①]。

一分钟。

---

① 西部片里的经典场景。——译者

两分钟。

终于他开口了。

“基于你向我提出的准则、你对我展现的尊重、比尔·克林顿的要求，以及你在没有任何保证的前提下一路远道而来，我会运用伊拉克宪法赋予我的权力将两名美国人移交给你们。你可以带走他们。”

口译员翻译出他的这些话时，我探过身去，抓住了萨达姆的胳膊，试图表示感激。一步坏棋。所有八名共和国卫队成员都伸手去拿枪。走运的是，萨达姆没下令开枪。要不就该有这样的头条新闻了：

“为两名美国被拘留者前去谈判的理查森，死了。”

萨达姆还在说话，痛骂美国外交政策的种种失败。不过坦白说，我没在听。我已经得到了我为之而来的人，我已经在想象我们回到家时他们妻子脸上会有的表情。

说完后，萨达姆邀请伊拉克国家媒体进入房间，为纪念这个时刻拍几张快照。闪光灯啪啪响起的时候，他靠了过来。“你知道吗，理查森议员，”他说，“在我的国家里，被拍到和你在一起对我没有好处。”

我说：“总统先生，我可以向你保证，在我的国家里也没有。”

萨达姆·侯赛因大笑了起来。

此刻似乎是一个完美的退出时刻，但就在我试着挪向门口的时候，萨达姆说了句我没想到的话。“我理解，”他说，“你想去周日礼拜。”

我确实对他的其中一名助手说过我是天主教徒，但我不记得有提到过任何周日计划。“你很幸运，”他说，“塔里克今天下午会带你去参加弥撒。”(后来我发现，塔里克的妻子是一名迦勒底天主教徒[1]。)

---

[1] 天主教的东方叙利亚教会分支，与罗马教廷和其他天主教会保持共融关系。——译者

尽管我认为自己十分虔诚，但留下来参加弥撒会违反我的一条个人戒律：一旦你得到了自己想要的，就赶紧滚蛋(稍后我会用更详细的细节解释这项原则，在另一章里)。而我们已经得到了我们想要的：释放两名美国人。

“很遗憾，总统先生，我必须立刻赶回美国参加国会投票。”

他似乎能够理解，但还是有话要说。

“很好。但要是你参加了弥撒，别去忏悔。”

“为什么不呢，总统先生?”我问道。

“因为在了解了你的职业之后，你就得永远待在那儿了!”

我们同时爆发出一阵大笑。我不能说我喜欢这个人，或是在几年后看到他离开这个世界时感到难过。但我们曾共事过。我们曾交谈过。我们建立起了一种联系。我们曾敬重彼此。而且我们让两个无辜的人重获自由，得以回到他们的妻子身边，回归他们的生活。因此我们做了件好事。

离开房间时，我往下瞟了一眼，那六只鞋子还在帷幔的底下杵着。

这到底是怎么回事?

* * *

“我是来自新墨西哥州的国会议员比尔·理查森，”我说，“你们被移交给我了。我会带你们回家。”我们在波兰大使馆里，移交被安排在那里进行，达利贝蒂和巴隆听到这句话的时候都哭了起来。

“我们惹麻烦了吗?”达利贝蒂问我。

“不，你们是英雄。”我向他们两人保证。

这句话让他们的泪水更肆意流淌。

那天晚上稍迟些时候，在喜来登酒店里，我们开了几瓶香槟，吃了披萨。卡尔文为两人祝了酒，慷慨地分享着一瓶上好的威士忌。可以这么说，那是令人动情的一幕。

当电话响起时，我装出吃惊的样子，但我清楚地知道电话那头的人是谁。克林顿总统，当然了，对这起国际事件表现出极大的关切，并且热切地想要看到一个皆大欢喜的结局(他甚至在他的回忆录里提了一笔)。我简短地向他作了报告。“比利，你做到了，”他说，“你回来之后，把他们带来椭圆形办公室。”

“我会的，总统先生。”

随后我把电话递给那两人。

“是找你们的。”我对他们说，两人轮流接受了来自美国总统的赞扬和感谢之辞。

* * *

我们回国后，我和总统单独进行了会面。他的好奇心完全是克林顿式的。

“那么，萨达姆，他什么样?”

“他跟你想象的一模一样，”我对他说，“街头智慧、强硬、不可预测。”

“他是我们能对付的人吗?”

“不，”我回答，“我不认为你能跟那个人做交易。他会试着恐吓你。他确实试着恐吓我了。”

“怎么做的?”

我告诉了他萨达姆是怎么冲出去的。我对他说了共和国卫队庞大的数量。

但我从没对他提起过那些鞋子。

4

苏　丹

进入，取得进展，离开

取得胜利，然后离开。

要说我在过去几十年里几乎跨越了每个时区的谈判中学到了一件事情，那就是分秒必争。在一场谈判中，无论规模大小，无论是国内还是国际事务，无论是在本土还是异地，你能做到的最聪明的举动就是不仅要把“好”当作一个回答——这是重要的第一步——还要把这个“好”尽可能快地带得越远越好，甚至不要给那个说出“好”的人考虑把它收回去的时间。

取得胜利，然后离开。

迅速达成共识，跑向国境线。

我是在一个近乎不可能的地方学到的这个教训——至少可以这么说，它被强调了好几次。在非洲，似乎是约定俗成的，一切都在缓慢地进展。要想在非洲匆忙地做点什么，那片土地自身都会用某种方式说，哇噢，别着急。毕竟，大陆漂移说①就是在那儿被发明出来的——传言是这样——而它似乎保留了自己的著作权。任何来到这片大陆上的访客都会被卷入这种惰性。几小时就能做好的事情会花上几天。几天能做完的事情会耗上好几周。需要干上几个月的事情也许永远都不会实现。

毫无疑问，这成了非洲的一大魅力。我个人认为我在非洲度过的时间尤其珍贵，因为它庞大的面积和缓慢的节奏促使你产生了一种全新的视角。那是一片有着宏伟景观和漫长落日的大陆。无尽的赞美和延续三周的狩猎旅行。跨越六个时区，每一个都从真实的时间中剥离。那会让你对自己做出反省。

收看一部国际地理频道的纪录片，你会看到非洲仅有的极速运动的时刻——老虎追逐着牛羚，小羚羊在一丛灌木中蹦跳——但它几乎不能为你展示剩下的二十三个半小时，整片大陆都在猴面包树下懒洋洋地打发着时间。明天，狮子会飞奔在草地上，但今夜的狮子仍在梦中。

而苏丹这个国家，处于非洲的心脏地带——要是非洲有一具人类的身体，苏丹大约就在心脏跳动的位置——在这里你绝不会想要慢下来。这里一贯被视作全世界最危险的国家之一，是非洲最大的国家，却是全球最贫困的国家之一。它的政治不稳定——以及此类不稳定所导致的恶行——使其多年来一直位列美国恐怖活动支持国家的名单上。别管棉花和芝麻了②；过去十年里，大约有超过一百万名苏丹人在达尔富尔地区③遭到苏丹政府和“简加韦德”(Janjaweed)④部队的屠杀，苏丹最主要的出口物早就成了暴力。

① 大陆漂移假说是解释地壳运动和海陆分布、演变的学说。大陆漂移说认为，地球上所有大陆在中生代以前曾经是统一的巨大陆块，被称为“泛大陆”或“联合古陆”，在中生代开始分裂并漂移，逐渐达到现在的位置。——译者

② 棉花和芝麻都是苏丹出口的主要初级农产品。——译者

③ 苏丹西部一地区，多年来为取得独立与政府对抗。——译者

④ “简加韦德”是对以游牧阿拉伯人为主的马拉希勒(Maraheel)派组织的一支民兵武装的称呼。这个称谓由三个阿拉伯语单词缩略而成，意为“骑着马、手持GM3机关炮的妖魔”。——译者

这也就是为什么，尽管我钟爱非洲这片大陆，苏丹这个国家却成了我的肉中刺。它让我想要离开。但正如我所说的，它也教会我谈判中至关重要的一课，而我乐意将其重述。

取得胜利，然后离开。

进入，取得进展，离开。当你听到了肯定的回答，最理想的状态下，你听到的下一个声响应该是会议室的大门在你身后关上，或者，就我的例子而言，螺旋桨飞速运转升空，加速离开这个国家的声音。

* * *

2006年，我被召去苏丹，其时一名四十四岁的《芝加哥论坛报》记者、普利策新闻奖得主保罗·萨洛佩克（Paul Salopek）因间谍罪被逮捕和监禁。

公平地说，作为一名记者，萨洛佩克曾是，而且至今仍是，一个类似反叛者的存在。在马萨诸塞州“捕捞扇贝”的间隙，他展开了自己的新闻生涯——也开始了和我的家乡新墨西哥州的联系——1985年，在骑行穿越罗斯威尔（Rosewell）①途中，他的摩托车坏了。为了支付修理爱车的费用，他找了一份为当地报纸报道警方事务的工作。作为一个职业的开端，这也许不是一个好兆头，但新闻很快成了一项召唤，并引领他前往中美洲、新几内亚岛以及巴尔干半岛国家。他在这个领域如鱼得水，就在为支付修理账单成为一份报纸的临时工后仅仅过了十年的时间，他因报道人类基因组计划赢得了普利策奖。在那之后三年，他因为自己在非洲的工作再次获奖——报道刚果民主共和国内蔓延的流行疾病和猖獗的政治暴乱。

① 新墨西哥州东南部的一个沙漠地带小镇。——译者

当普利策委员会授予萨洛佩克这项荣誉时，特别提到了一点：为了报道那些战乱最为严重的地区的情况，他经常要靠独木舟旅行。

因此，他或许是个反叛者——一个自由的灵魂，驾驶着足可信赖的独木舟和不可靠的摩托车——但他的反叛事出有因：揭露在非洲深处的冲突，在被称作“黑暗大陆”的地方射进一道光芒。

事实证明，赢得两次普利策奖对苏丹反叛军可算不了什么。2006年夏天，萨洛佩克暂时离开《论坛报》，作为《国家地理》杂志的一名专栏作者回到非洲——为了报道萨赫勒地区（苏丹平原和撒哈拉沙漠北部在这里更迭，形成这片区域的生物多样性）——他的旅程引起了不同于以往的注意。从乍得偷偷溜进国境后，他被与政府友好的反叛军扣留了——其中有不少是手握自动化武器的孩子——并被威胁处以极刑。多亏他巧言善辩，才说服逮捕他的人把他移交给苏丹军方，一个仅仅略微讲理一些的组织。他们没有释放他。相反，他被指控在没有签证的前提下进入苏丹，报道“虚假新闻”，以及少不了的，国际误解中始祖级别的罪名：间谍活动。

那之后不久，他的妻子琳达给我写了封信，祈求我的帮助。我接受了。

* * *

这将是我在苏丹的第一次冒险之旅。十年前，1996年，在我的第八次也是最后一次国会议员任期期间，我带着一个类似的目标降落在了喀土穆[①]：与一个名叫科鲁比诺·科瓦因·波尔（Kerubino Kwanyin Bol）的反叛军首领会谈，要求释放三名红十字会工作人员，其中就有五十一岁的约翰·厄尔利（John Early），一名来自阿

---

① 苏丹首都。——译者

尔伯克基的美国飞行员。(直到今天，我还是不明白我的新墨西哥州同事们为什么会如此积极地想要飞往苏丹，就为了去惹麻烦!)这个三人小队在错误的时间降落到了错误的机场——温洛克，位于苏丹贫瘠偏远的南部。更糟的是，他们还随身携带着不合时宜的货物：五名受伤的战士，他们效忠于另一个名叫约翰·加朗(John Garang)的反叛军首领，科鲁比诺在苏丹人民解放军①内的长期权力竞争对手。无论受伤与否，他们都是敌人，而这些红十字会工作人员载了他们一程。无论是否出于好意，在一个像苏丹这样的暴力温床，毫不夸张地说，他们可不只是在靠运气行事。他们是在自找麻烦。

尽管奥萨马·本·拉登(Osama bin Laden)已不在苏丹——几个月前，政府把他送去了阿富汗，作为对美国及沙特阿拉伯施压的回应——这里的国际声誉并未得到切实的改善。这个国家仍旧是一系列恐怖主义阴谋的同盟，而美国甚至采取了最为极端的措施，把自己的大使馆从喀土穆转移到了肯尼亚。换句话说，美国政府太过担忧其在苏丹大使馆的工作人员的安危，以至于宁肯让他们驻扎在内罗毕②——一个几乎称不上安全的地方，就在两年后，在那里，残酷的命运揭开了它的面纱，美国大使馆遭到炸弹袭击，造成数百人死亡。疯狂的行为。

尽管同样反对苏丹政府，科鲁比诺和加朗之间却只有仇恨。起初，释放红十字会工作人员(到我们抵达时，他们已经被囚禁了五周)的前景似乎变得更加严峻。我不确定科鲁比诺是不是一个理性的谈判对手。我已经听取了红十字会国际委员会的简述，了解了他

① 苏丹人民解放军(Sudan People's Liberation Army，简称 SPLA)，是苏丹共和国南部地区曾经的一支主要的反政府武装，现为南苏丹政府军。——译者

② 肯尼亚首都。——译者

是一个冲动的人，不能很好地集中注意力，给予一件事情的注意力只能维持几分钟。（这样的注意力持续时间或许能够解释为什么他声称自己是一名基督徒，却又同时拥有十一名妻子。）加朗在美国接受的教育和训练——在衣阿华州的格林内尔学院和衣阿华州立大学，以及佐治亚州的本宁堡军事基地，而科鲁比诺则基本没受过教育。我不知道他是否会对纯粹的理性作出回应。我担心他不会妥协。

降落在南苏丹一条偏僻的临时跑道上——我们的飞行员低飞掠过地面一次，检查石块和坑洞的情况——并不能切实提供自信的基础。被那些端着 AK-47 突击步枪的前青春期男孩们围绕着走向小村庄和更小的首领木屋同样没什么帮助。我将在那个小屋里会见科鲁比诺，四周是游荡的山羊和牛羚。

此外，我曾被告知的有关科鲁比诺注意力缺乏的消息被证实是准确的。他几乎没把注意力放在我此次来访的原因上，转而发表了一系列毫无关联的长时间的谩骂，抨击美国对苏丹实施的压制性制裁。

然而，这次谈判最终似乎还是达成了倾向我方的一边倒的胜利：科鲁比诺一开始要求一亿赎金，但随着我方施加的一些压力，他接受了少得多的报价——根据《纽约时报》的准确报道，仅仅是“五吨米、四辆吉普车、九台收音机和……为他们疾病肆虐的营地做一次健康检查”。

一边倒的，没错吗？我真的唬住了他，果真如此吗？

差得远呢，在这里又出现了谈判的一项宝贵经验。更仔细考虑本次交易的最后一项要求——健康检查——会解释它真正的价值，以及为什么我在提出这点时认为它会受到欢迎。当我们进入这个村子时，我注意到了——根本不可能不注意到——科鲁比诺的反叛军营地里到处都是受到疾病侵虐和营养不良的孩子。我很快得知，就在我们到访前两天，科鲁比诺自己的女儿才刚死于麻疹。科鲁比诺的其中一个儿子，只有四岁，也奄奄一息。他自己家人的健康状况是“房间里的大象”① ——即使在不远处就有几头真正的大象——而我感觉这点需要被提出。因此我向科鲁比诺本人提出我的要求，假设比起理性，他也许会对情感做出更多反应。

我要求见见他的儿子。

他无需再被要求第二次。我们前往摇摇欲坠的医院帐篷，探视了他的儿子。他躺在一张吊床上，周围是其他生病的孩子。我不是医生，但就算是我都能看出他的儿子快要死了。

我们回到小屋里，在五个小时的谈判之后，我终于对那个男人说了实话——即使在他身前站着几个手持机关枪的男人。“听着，我不能给你钱，”我对他说，“但看看你周围的情况。你不需要钱。你需要帮助。我可以给你帮助。你可以帮助你的孩子们，以及你的村子里的孩子们。我可以帮助你做到这点。看看你在喝的水，它是脏的。这会让你的人生病，让你自己的家人生病。”

他在听。

“你没有干净的水，”我对他说，“但你确实有能力拯救你的孩子们，也拯救你的人的未来。”我提出给他一支调查队，他们会评估这里的水质，并提供必要的改进措施。他意识到了我话里的明智之处。他没得到他的一亿美元，但我揣测——我希望——他认为我们达成了一项公平的交易。

给所有嚣张跋扈的专制者上的一课：就算是一个邪恶的军阀，也有他优先考虑的事情。

同样，给所有谈判人员上的一课：不要假设那些在你的世界里有价值的事物在其他人的世界里也有同等价值。一旦你理解了另一

① 英文谚语，指不能被忽视的事情。——译者

个人看重什么——真正地、确实地看重的——你的下一步就显而易见了。在这个案例里，水比金子还珍贵。

按照我自己的建议，在科鲁比诺对我们的协定点头之后，我没耽搁太久就跳上飞机离开了这个国家——草草凑合的一顿饭，内容是之前提到过的山羊肉，还有一次坚定的握手。不久后，我前往日内瓦召开了一次匆忙的新闻发布会。在会上我陈述了最明显的事实："那里的氛围完全是超现实的。"接着我们又匆忙飞回华盛顿，赶在比尔·戴利昏厥过去的那次新闻发布会之前——在那次发布会上，总统宣布了任命我为美国驻联合国大使的消息，还心不在焉地提了一句，就在几天前，我还在一个反叛军首领的小屋里吃了山羊肉。

* * *

如今，距离 2006 年已过去了十年，我想要重述那次相对迅速的、精准的、让萨洛佩克记者得到释放的胜利。

取得胜利，然后离开。

在启程之前，苏丹驻美国大使，海达尔·哈龙·艾哈迈德(Khidir Haroun Ahmed)联系了我。起先我以为那只是一个老朋友想要重续友情的来电。"你也许不记得我了，"他坦言，"但我们在十年前你去解救那些红十字会工作人员的时候见过面。我那时是阿尔-巴希尔总统的私人副手。你还记得吗？"

坦白说，我不确定自己是否记得。回到 1996 年，在我匆忙前去拯救那些人质时——进入，取得进展，离开——我并没仔细注意名字。只有一片模糊的记忆：山羊、牧羊人、高温和握手。而这个人似乎很真诚。于是我打发我的副手卡尔文·汉弗莱去查查我和哈龙可能是在什么时候、在什么情况下第一次见面的。在调查了一番后，卡尔文证实了这个说法：确实，在科鲁比诺和我就释放三名红十字会工作人员进行协商时，哈龙是他的翻译。而现在他是苏丹驻美国大使。

因此，当我接到琳达，保罗的妻子，来信请求我帮助释放她丈夫时，我知道应该首先和哈龙大使进行接触。我认为他会知道——要是有人知道的话——我能否有机会让萨洛佩克迅速得到释放。

我们运气不错。大使不仅愿意帮忙，而且十分尊重我，这多亏我在1996年确保了红十字会工作人员被释放后，慎重地为苏丹政府提供的帮助表示了感谢。至少，在他看来，向政府致谢是一个足够表示好意的举动。

就在这里，谈判的两点经验。第一点经常被粗鲁地表达出来："你在上升途中海扁的家伙也许正是你在下降时要巴结的人。"或者，用更外交化的术语来说：用外交官的方式对待某人，即便他们还不是外交官。第二点则是，当你要促成一项交易时，确保每个人在那之后都能感觉良好——包括为另一方帮助落实事宜而向他们致谢。人们会记得你是如何对待他们的。

因此，哈龙——抱歉，哈龙大使——也急切地想要讨好我。就算是在非洲大使之间，也流传着我将要在下一次大选中竞选总统的小道消息。这就意味着我会花时间在政党会议和初选上，而哈龙想要确保他在我的关注范围内，为一个我从未想到过的理由：在衣阿华州似乎有一个相当大规模的苏丹移民社区。谁会知道呢？

显然，哈龙大使会是我们在解救萨洛佩克这件事上的同盟。我到华盛顿的使馆拜访了他，我问他能否向我保证这趟旅程会有一个完美的结局。要是得被卷进这件事里，我想要预先了解这次释放行动是有可能的。因此我把问题摊开了问他："大使，我们得把这家伙弄出来。坦白说，你们得把这家伙放出来。你们会因为这件事承受糟糕的舆论压力，这不是没有道理的。他是个记者。他不是间课。在你们所有的问题里，你们不会想成为那个让全世界记者都群起攻之的国家，就因为他们中的一个被关了起来。”

接着我跟他说了实话：“告诉你的总统，他的朋友比尔·理查森想要过去把这个家伙弄出来。告诉他，要是他把这家伙放出来，这回我也会为总统美言几句。不只是政府。”

仅仅为了拉近距离：“还有，我会告诉国防部，你是其中的关键人物。”

这下，他似乎听懂了。

几天后，在一次晚宴上碰面时，大使开始告诉我苏丹和美国之间关系的最新进展。“我和总统谈过了，你知道的，他对美国有些抱怨。”

是啊，我知道。全世界都知道。

“他对美国有些抱怨，但是——”

但是？

“但是他非常喜欢你！”

哦，棒极了——正是我需要的。比尔·理查森：所有非洲领导者最喜欢的政客。这不是我在 2008 年大选将近时想要看到的新闻标题。

“不管你怎么做，”我对大使说，“别把这句话泄露出去！”

他没理解我的笑话。于是，我回到了手头的工作上。

我对他说：“你看，我想要这件事能成。我想要搭架飞机，去把这个人放出来。”哈龙大使似乎受到了鼓舞，但态度仍旧有些暧昧。我意识到他不能做出一个直接的承诺，但我直视着他的双眼。“要是你是我，”我说，靠近前去，“你会去搭飞机吗？”

几天后，在给几个处于关键位置的同胞打了几个关键的电话后，大使只需用几个单词就能让我知道前景光明：

“去搭飞机吧。”

* * *

在我之前，已有几名美国官员高调探视过狱中的萨洛佩克，尽管他们未曾就他的释放问题进行过谈判，但他们也都为他不可接受的拘留问题发表过意见。克里斯托弗·谢斯(Christopher Shays)，来自康涅狄格州的国会议员，和美国大使卡梅伦·休姆(Cameron Hume)一起飞往苏丹。两人与萨洛佩克见面后，谢斯代表萨洛佩克表达了请求原谅之意。“保罗干了一件非常愚蠢的事，在没有签证的情况下进入这个国家，”他说，“他知道这点。他知道自己犯了个错误。”谢斯议员接着要求正确的判断。“但要是把这件事情搞大了对谁都没好处——无论是从他们还是我们政府的角度来看都是。这就是一个记者在干记者该干的事情。”

其他人做了类似的呼吁。白宫发言人丹尼斯·哈斯特尔特(Dennis Hastert)、杰西·杰克逊，就连U2乐队的博诺(Bono)①都公开要求释放萨洛佩克。这名不走寻常路的记者真的成了轰动一时的人物。在这些试图去狱中探视萨洛佩克的官员中，最著名的或许是一位尚在第一任任期内的美国参议员。巴拉克·奥巴马去了一趟肯尼亚，试图厘清事实真相，并意图在苏丹做一次停留。不幸的是，他没得到签证。他不会再犯一次萨洛佩克的错误，不管不顾地闯进去。谢天谢地。尽管如此，奥巴马参议员还是同意接受一次访问。“从各方面迹象来看，”他说，“这家伙都是一个很棒的记者。他做了了不起的工作。”随后，奥巴马参议员呼吁他的祖国采取行动。“这是不可接受的，我期望美国政府以最严肃的态度对待此事。”

---

① 爱尔兰乐队U2的主唱兼旋律吉他手。——译者

就算奥巴马和其他人没能最终走进萨洛佩克的牢房，我希望他们至少为我稍稍铺平了前方的道路。我想要迅速解决这件事。

进入，取得进展，离开。

只不过，非洲自有其行事的准则。

哇噢，别着急。

要是有什么事会出岔子——要是我们做了万全安排的计划不知怎么就完蛋了——那也会是在非洲发生的。

哈。我在骗谁呢？你不需要在非洲也能把事情搞砸。

我确实搭上了我的飞机——一架漂亮的G4，是一个朋友以人道主义的名义提供的。不幸的是，飞行员似乎不那么热衷这次旅行。当听说了我们的目的地后——达尔富尔，位于苏丹的心脏地带——他退缩了。“达尔富尔？但那是在一个恐怖主义国家。”他抗议道。对此我不能完全否认。我只能指出我们任务的价值，一个美国人在指望着我们呢。我还指出了另一个事实：我们仍然在那个国家派驻着一名大使，还有一个大使馆在那里运作。他看着挺在意萨洛佩克的情况，但大使馆的论据却似乎没能打动他。“还不够。”他说。

“别扯了。你必须驾驶这架飞机。”

他看着像是敬佩我的决心——我乐意想象他能看见我坚决的眼神，不是吗？——没过多久，我们就在跑道上滑行了。

很快我们平稳上升并开始飞行。然后：

“呃，长官？”阿尔伯特，我的保镖问道。

“嗯？”

“你带护照了吗？”

“不，我没带。你带了，都在你身上啊。”

“我什么也没带。”

“你应该都带在身上的。”

“你的我没有。我的我也没带。这就是我为什么要问。护照都归卡尔文管着呢。”

我转向卡尔文，我的副手。

“卡尔文，阿尔伯特说你管着所有的护照——”

“别看我。”卡尔文冲口而出。

就在我们浪费宝贵时间互相推卸责任的时候，我们的 G4 直升机还在朝着位于苏丹心脏部位的喀土穆的一条起降跑道飞行。在那里我们会遇见全副武装的反叛军，我们会在午夜降落。在那里，不管怎么说，我们都需要自己的护照。

接着我听到前排传来一个声音。

“我带了我的护照。”飞行员咕哝道。

下一步已经很清楚了：夸张地道歉。几分钟前，我在要求飞行员起飞。现在我在请他掉头。我们掉头回去拿护照，我不知道那一刻他确切的心情，但我猜他的腰杆挺得可直了。

* * *

在那次飞行之前，我发表了一份乐观的声明。

“保罗·萨洛佩克……是一名才华横溢、受人敬重的记者，他努力想要完成自己的工作，讲述撒哈拉沙漠以南被称作萨赫勒地区的故事，在那里生活的人们、那里的文化和历史。”我想要澄清一点，以完全确定的用词：“保罗·萨洛佩克显然不是一个间谍。”

然而，我必须承认，事情并非那样明显。对我来说，他的清白是确定无疑的，他的妻子琳达，还有安·玛丽·利平斯基（Ann Marie Lipinski），他在《芝加哥论坛报》的编辑也都清楚这点——我已经邀请两人一同参与此次营救行动——但在那些囚禁他的人看来，情况就不那么明朗了。这出于几个充分的理由。首先，当他被拘留时，萨洛佩克携带着两本美国护照和一些达尔富尔冲突地带的卫星地图。作为记者，持有两本护照是相当常见的举动——在种族隔离时期，打个比方，它能让你在进入被黑人控制的非洲国家时拿出一本没盖上南非戳记的护照——它确实会引起有关阴谋间谍论的怀疑。至于那些达尔富尔的地图，说句公道话，那些扣留了萨洛佩克的苏丹人没想到他带着这些地图可能是为了避开，而不是挑起麻烦。

另一项阻碍涉及萨洛佩克的同行者们。和他一起被拘留的还有他的翻译，苏莱曼·阿巴卡尔·穆萨（Suleiman Abakar Moussa），以及他的司机伊德里斯·阿卜杜勒拉汉姆·阿努（Idriss Abdulraham Anu），两人都是乍得公民。乍得是位于苏丹西部的邻国，也是他们最初入境的地点。在一趟早就危机四伏的旅程中，他的两个旅伴还都背负着自己危险的包袱。

首先，尽管苏莱曼·阿巴卡尔·穆萨经验老到，曾为好几个高调前往苏丹的记者做过翻译，但他并不真正存在。穆萨的真名是达乌德·哈里（Daoud Hari），而且他并非自称的自愿提供帮助的乍得当地人。事实上，他是一名苏丹人，用化名作掩护，从而能够在只雇用本国人的乍得工作。萨洛佩克雇用他时，哈里已经去过六次苏丹，通常是为那些对苏丹政府持批评态度的记者们做向导。他的名声已经有了定论：就算不是间谍，他起码也是个煽动者。这是对萨洛佩克的第一击，尽管他事实上并没有撰写“虚假新闻”，但他确实和一个使用假名的翻译同行。

第二击来自他们的司机伊德里斯·阿卜杜勒拉汉姆·阿努。他选择了一辆崭新的丰田敞篷小型载货车作为他们的交通工具。在毒品贩子和反叛军武装分子中间，一辆敞篷小型载货车比一辆宾利更有价值。几年后，在哈里自己的回忆录里，他写下了自己的怀疑，认为那辆小货车和其他导致他们被拘留的原因一样重要——此外，间谍罪的指控，以及处以极刑的威胁，都是囚禁他们的人的伎俩，以显得他们是在保护这个国家，而不仅仅是在偷车。不管怎么说，要是萨洛佩克安全且不被察觉地行动，要是他划着自己足以信赖的独木舟穿越这片沙漠，也许能有更好的运气。

我们开始降落到苏丹的土地上时——带上了我们的护照——我很清楚可能还有很多说服工作要做。这趟任务也许不会像我希望的那样迅速了结。

我决心全力以赴。我转向琳达，对她说："等我去见阿尔-巴希尔的时候，房间里只会有我一个人。"

"好的，"她说，几乎是在颤抖，"因为我不认为我能——"

"除非"——我打断了她——"除非我叫你进来。"

"我能做什么？"她问。

"听着，你很紧张，我理解。但我做过很多类似的事情。"这句话似乎让她稍微放松了点。"这回不只是我能给出多少好处就算完事的，所以我希望你能进来，要求释放你丈夫。你需要让阿尔-巴希尔知道你有多爱自己的丈夫。"

"好的，这我能做到。"

"棒极了。"我用力吞咽了一下，说了我真正想说的话。"要是你碰巧哭了起来，没关系。一点点情绪能帮上忙。"

"你希望我哭吗？"她问。

"哦，要不是你就得是我，要是我哭了起来，那就意味着我们搞砸了。"

"可我不是一个非常情绪化的人。"

"你能试着变成一个情绪化的人吗？到我们去见阿尔-巴希尔的时候？"

她说她会试试看的。

接着，安·玛丽，永远的编辑，开口了。"长官，要是能帮忙把他弄出来，我能向你保证，我会哭的。”

“我不需要你哭。”

“可我想要待在那个房间里。我想要有点可写的东西。”

我向她保证我会尽量把她弄进去，让她见到阿尔-巴希尔。但我们一降落在非洲，我就提醒自己，我们必须尽快撤出去。

“听着，我们不会在城堡停留。我们不会在露天市场停留。安·玛丽，你要是拍照，最好照得模糊点。我们是在行动中。我们必须进去，取得进展，然后离开，在他们改变主意之前。”

* * *

当我们的机轮落到停机坪的柏油碎石地上时，时间已是夜里。非洲巨大的太阳早在几小时前就坠入了喀土穆。但有一张友善的面容在等着欢迎我们：美国大使卡梅伦·休姆，他和国会议员谢斯一起探视了萨洛佩克。休姆和我一同在联合国工作过，他不是你印象中典型外交官的样子，这就是我们合作无间的原因。他带来了最新的消息：尽管时间已经很晚了，阿尔-巴希尔总统想要立即和我们见面。我们的小组成员都很累了，但我却感到一阵激动。我知道我们必须趁热打铁。

我们没费心去喀土穆的宾馆办理入住手续。事实上，在我们的队伍开往总统宫殿的路上，我对休姆大使说：“我们也许根本不需要预订宾馆。”他表示怀疑。他对我从哈龙大使那里得到的保证一无所知。但在我们抵达与奥马尔·阿尔-巴希尔总统的会面处时，我只能祈祷我的情报要比他的更好。

一开始，我和总统面对面地做了交流。我让我的随行人员，包括保罗的妻子琳达，都留在另一个房间里。当然，尽管只有我和总统，我也没想这样开场：“奥马尔，我知道这桩交易已经预先交涉好了，我们就那么做吧。”如此冒昧和自作主张永远不会是个好主意。相反，我是这么说的：“总统先生，我珍视我们十年的友情。”巧妙地暗示他在十年前协助释放红十字会工作人员的时候，我为他的政府说了好话。

尽管如此，他随后还是就美国针对苏丹的政策发泄了一通，就跟科鲁比诺在他的首领小屋里抱怨的差不多。“我试着做到公正。政府要求我做点事，我做了！但你们还是对我实行了制裁。我觉得我在美国政府里有敌人，无论我表现得多么友好。”

友好这个词有点太过火了，但我没指出这点。相反，我声称自己无能为力。

“我能怎么做？我不在政府里。”我对他说。

“啊，但我听说你可能会参选。”他的语气里流露出几分恶作剧的味道。

“听着，”我说，“我希望你把萨洛佩克交给我。要是你这么做了，有人会感谢你，而我会让你正承受的不好的舆论消失。”

“不可能，”他说，“媒体都恨我。”

我不断地提出别的他应该同意的原因，而总统不断地予以否决。我开始考虑大使曾暗示过的承诺是否只是空头支票。或许他根本没有影响总统的能力。

我别无选择。我掷出了一张藏在口袋里的王牌。

“总统先生，我想请你见见保罗的妻子。”

琳达进了房间，对这个掌管着整个国家也扣留着她深爱的丈夫的男人讲述了她动人的故事。而且，是的，她哭了——尽管要我说，不是我曾希望的那样。我不确定这是否有效，但我希望延续这种压力。让琳达离开后，我对阿尔-巴希尔摊牌了。“你看，除了正面的媒体报道外我没什么能给你的。而你要做对的事。让我们坦白点：你已经从这件事里得到了你想要的一切，现在你会开始受到它的负面影响了。你真的想让情况这样恶化下去吗?”

他轻笑了一下。我也许触到点子上了。

“也许这就是为什么美国把你当成一个敌人来对待，就像你说的，你抓着我们的记者不放!”

他又笑了。

或许是觉得有点自信了，我赌了一把。“再说，看样子他也没写你什么不好的报道。”

“哦，他当然写了!”阿尔-巴希尔立刻反驳道。

哦，该死。(现在我知道为什么他们要检察官永远别问还不知道答案的问题。后来我发现萨洛佩克对阿尔-巴希尔和苏丹政府抱有非常不满的看法。作为一个有经验的谈判人员，我犯下了一个外行的错误。)

然而，尽管走错了一步，我仍然一心一意地想要完成自己的其中一条准则：取得胜利，然后离开。

“嘿，你到底要不要把他交给我？我真的不想在没有他的情况下离开。”我甚至用上了我们同样作为公众人物共有的虚荣心。“再说了，我要怎么跟人说我失败了？你知道那看上去会像什么样子!”事实是，甚至很少有人知道我在苏丹。我可以偷溜回去，而不受到什么伤害。

但这项策略似乎奏效了。

过了一会儿，阿尔-巴希尔动了怜悯之心。“好吧，”他说，“我会放了他，把他交给你。”我只需要听到那句话就够了。但阿尔-巴希尔还在往下说。“我会把他交给你，但不是因为你提到过的任何一个原因。”

当然。好吧。没问题。

“我会放了他，把他交给你，但只是因为你是我的朋友。我不会从中得到任何好处。”

我并不同意，但我不会反驳这个观点。

记住：取得胜利，然后离开。

“太棒了，”我说，“他在哪儿？”

就在那时，阿尔-巴希尔的坏消息来了——似乎总免不了跟在好消息后头。

“没问题。他就在一千英里开外。”

我的心沉了下去。我知道在一千英里的路程中可能发生很多事。

“你最快要花多久能把他送来这里？”我问。

取得胜利，然后离开。

“哦，不，”阿尔-巴希尔大笑起来，“你得去接他！”尽管他给了我想要的东西，但他似乎很高兴自己让事情对我变得不那么容易。最后一道障碍，就为了看着我为难。

“这样，”他加了一句，“你就可以看到我的国家里的各种问题。你是一个善于解决问题的人。或许你也可以帮我解决点问题！”

我没有被阿尔-巴希尔的小伎俩吓到，我也不知道要怎么去接萨洛佩克，但我知道最好不要反驳他的意见。我和阿尔-巴希尔友好地握了手，表示了衷心的感谢。“我能告诉媒体吗？”我问道。

“不要今天。明天。”他说。

显然，阿尔-巴希尔不像我那么着急。事实上，在我准备离开的当口，他又为我设置了一道障碍：“等等！”他说，“你可以带走萨洛佩克。但其他两个人得留下。”

不可接受。

“不，不，不。”我对他说。

“是，是，是。”他坚持道，声称两人的煽动性言论必须受到更大的——也更长的——处罚。

“可是奥马尔，”我对他坦白道，“我是个政客。我不能带走那个白人，而把两个黑人伙计留下！那看上去会像什么样？”我问道。

我知道这是一个孤注一掷的举动——打种族政治牌，而非理性的理由——但显然阿尔-巴希尔觉得很有趣。过了一会儿，他狂笑了起来。“好吧，好吧，好吧。”他说。他把双手举过头顶挥舞起来，像是要结束这件事的样子：“你可以带走他们。不过，走吧！把他们从这儿带走！”

终于，我自忖道，有一位政界同仁懂得迅速行动的必要性。

尽管如此，我才是那个要把事情做完的人。离开房间后，我问休姆大使，我们怎么才能飞越非洲——就现在，今天。他的第一反应可以理解——“这不完全在我们的预算里”——但我知道他理解形势的严峻性。

“听着，我们是来这里营救一个人质的。”我说。我向他灌输着理查森守则——取得胜利，然后离开。越快越好。我不必指出那是正确的举措。

休姆大使理解这点。“我会办好的。”他说。

他安排了第二天早晨一架飞往苏丹腹地的包机，对此我十分感激。这就是我需要听到的全部了。但我的副手卡尔文对飞行有着超常的恐惧，他提出了另一项要求：“长官要求安全的飞机。为了他的安全。”

“为了我的安全？”我开玩笑道，“是为了你的安全吧！”

卡尔文笑了起来。

阿尔-巴希尔也笑了，他听到了这段对话。

第二天早晨，我们和美国大使馆里的一名初级官员碰了面，他知道（或者说我们指望他知道）萨洛佩克确切被关押在哪个监狱里。我们一同登上了一架二十人座的飞机，前往达尔富尔。

尽管只想尽快完成这桩差事，但我得到的建议是我们应该在抵达后首先拜访那片区域的州长，那样在我们去救回萨洛佩克时才不会产生任何误解。我们匆忙做了个预约，奔向他的办公室。

取得胜利，然后离开。

唯一的问题：我们到达时，哪里都找不到州长。即使我们已经清楚地表明了我们要来，并且已经获准可以降落，他的工作人员仍坚称他没在等待我们的到来。办公室里一片混乱，人们挤进挤出。不幸的是，州长不在他们之中。

“你知道州长什么时候会回来?”我问道。

“我们不但不知道他什么时候回来，”其中一名工作人员说，脸上的笑容有点太过明显了，“我们连他在哪儿都不知道!”

我对我们的大使馆官员说我们不能在这儿干等，并坚持直接到监狱去，即使没能得到州长的许可。我知道这要冒点风险，但我也知道，等得太久可能会导致更大的风险。我们的大使馆车辆看上去足够正式了：希望它们，还有我们为安全起见雇来的几名苏丹当地人能在监狱守卫面前争取到一点说服力。

守卫们很有礼貌，但不怎么配合。监狱长向我们致以问候，但坚称他没听说有一位美国州长获准前来他的监狱，带走他的名人囚犯。我恳求他给总统打电话，亲耳听听他的说法。

“不。”他说。

“不?”

“不，总统应该给我打电话!”

噢，好极了。我不仅身处苏丹的中心位置，我还被卷入了权力斗争的漩涡中心。

“我至少找对了监狱吧?”我问道。

“我怎么知道?”他说。

理所当然。“好吧，告诉我，保罗·萨洛佩克和其他人都在这儿吗?”

“哦，是的，他们就在那儿!”他说，指向不远处的一间牢房。

那么近，却又那么远。

一小时后，我们依然没取得任何进展。一名当地的政治领袖——另一名没有任何权力的“首领”——现身了，又重复了一遍老一套：他没收到任何有关我们要来的消息。又一个小时过去了。我开始感到灰心。

接下去发生的事情(简直像在拿我寻开心)压垮了我所有的耐心：守卫开始拿给我看一些毯子和珠宝，希望我或许有心情能买下一些。

够了!

我要求他打电话给总统。“你肯定有他的号码。”我试着利用他的自尊心。“一个像你权力这么大的人肯定有他的号码。”

他消失进了另一个房间里。几分钟后他回来了，给了我想要听到的消息。“总统说可以。”

棒极了。我们取得我们要的胜利了。现在让我们走吧!

我站了起来，开始往那间牢房移动，却被监狱长告知，就算是总统的赦免也不等于最后一个环节：必须经过本地法官的认证。

我祈祷那名法官非常本地——就像，就在下个街区。

运气不好。不仅那名法官不在本地，他还不在镇上，而且似乎没人知道他确切的所在。他们知道的只有：“他直到星期一都不会回来。”

我开始虚张声势。我告诉他那样我就必须再和总统见一次面，他们不应该做任何会打扰他的紧凑日程的事。突然间，守卫的态度变得合作多了。他遣走了自己的助手，只给了一个简单的指示：找到那个法官。

两小时后，法官大人依然无迹可寻。我坐在监狱里，距离萨洛佩克不过几英尺之遥，我开始感觉自己也像是在服刑一般。更糟的是，在等待的时间里，监狱长选择再给我们带来一些坏消息：就像我已经写到的，总统的赦免仅仅是针对萨洛佩克的，而非他的翻译或司机。我试图使用对付总统阿尔-巴希尔时同样的论点，但我不认为这会有用。因此，我只是说："交易说好的是三个人。"我不愿再争论。

幸运的是，监狱长解释说法官——仍然找不到他的踪影——有权把这项赦免增加到全部三个人。"很好，"我说，"让我们找到那个法官。"

"不，"那名当地的政客说，"我会去找。"

说完那句话，他起身离开了——和之前那个人的方向相反。确切地说，我不怎么乐观。于是，在接下来的几小时里，我们玩弄着自己的大拇指、被兜售毯子、躲避偶尔会漫步穿过监狱大堂的野生动物。保罗的妻子琳达逐渐开始丧失信心，而我不能责怪她。我也开始怀疑我们的运气是否已经用完了。他们到底会不会去找那个法官，还要说服他去揣度总统的意思？

随后又过了一个小时：萨洛佩克走了出来。他们放了他。

不管需要打通的是谁的电话，它都被接听了。但只有萨洛佩克。

保罗和妻子拥抱在一起，走到一个角落里，共度了一些迟到的时光。过了一会儿，我询问了另外两人的情况。保罗告诉我们，他们是被分开关押的，而其中一人遭到了非常糟糕的虐待。事实上，哈里和阿努都遭到了虐待——他们都挨着饿，而且被反复虐打。萨洛佩克同样没得到足够的食物，尽管他避开了最糟的肉体惩罚。

我解释说那项赦免令似乎只能解救他，其他两人还在监狱里。他都没停顿一下就说："没有他们我不会走。"

"我理解，"我回应道，"但要是事情闹大了，这还是你的立场吗？"

"是的。"他说。

我从没期望过另一个回答，但知道他的立场还是好的。我想要取得胜利，然后离开，但要是在没有那两人的情况下离开，那就根本没有所谓的胜利可言。

就在那时，我们听到外面传来猛烈的刹车声。那名当地政客——我还是不知道他是谁，或处于什么位置——开着他的双层大篷车回来了。他跳下车来，胜利地举起他的双臂。“我搞到了！”他大喊道，“我搞到了三个人的许可！”

是的，我拥抱了他。

守卫们去带另外两个人了。毫无疑问，他们看上去不怎么样。他们都很瘦、目光呆滞、虚弱。但排除这些情况，他们都很感激。哈里绕开一只山羊过来拥抱我。“谢谢你，”他说，“你救了我的命。”

我甚至都没时间接受他的感恩。“让我们离开这儿！”我坚持道。

琳达指向那些毯子和珠宝问道：“我们不应该买点东西表示好意吗？”

我唯一想做的动作就是朝门那边移动。

取得胜利，然后离开。

“不！”我笑起来，“飞机在等着呢！“

就在那时，仿佛是一出法国闹剧里的角色一般，遍寻不见的州长大人……走了进来，突然他就在跟我握手了。

他不仅坚持要问候每个人，并且要求了解这一整天里都发生了些什么。他还提出了一个非常不受欢迎的建议：一顿为了纪念此刻的晚餐。

显然，他不理解我们所有人都想尽可能快地逃离这里。我开始认为我们永远都没法离开这个国家了。

我转向休姆大使，他早就看穿了我的想法。“要是我们不接受，他就会觉得受到了冒犯。”他说。

我转回身去，对州长说："一个小时!"

我们去了他的住所，我尽可能地与州长做了交谈。我戴上了外交官的面具，我们谈论了政治。一小时到了，他给了我一条毯子，所有人看着我接受了它，要是表现得有点无礼，我也不怎么在意。我坚持我必须回到我的立法机关去了。

"因为他们是眼中钉，对吧?"他问道。

"没错，因为他们是眼中钉。"

这次，他似乎理解了。

最后，在这似乎是我一生中最漫长的一天的尾声，我们的车队飞速赶回了那条遥远的起降跑道，我们登上了飞机。

你也许会以为这就是故事的结局了。这确实是一个完美的结局。但你只猜对了一部分。

在我们起飞时，其中一名非洲人，显然还没习惯吃上一顿完整的饭，把食物都吐在了我的膝盖上。

噢，该死的。胜利的小小代价，我说。

在过去的一月份，萨洛佩克开启了一次长达七年的环球跋涉，为了模拟早年人类走出非洲的迁徙历程。他计划步行超过两万英里。考虑到事情在非洲进展的速度，我或许会建议他跑起来。

5

菲德尔·卡斯特罗

我们的古巴使命危机

在早年前往古巴的一趟行程中，在我作为一名来自新墨西哥州国会议员的最后一个任期内，古巴强人卡斯特罗与我达成了一项帮助了上千名古巴人的协议，而这也成了我谈判生涯中最值得骄傲的成就之一：“理查森协议”。

多年来，古巴政府要求任何企图移民到美国的古巴人支付一笔高得离谱的款项，让这个想法——试图实现“美国梦”——从经济角度变得不可能。在我抵达那里时，罚金的数额已经高达六百美元，对于生活在贫困中的普通古巴人而言，这根本是一笔不可能支付得起的费用。而到我离开的时候，卡斯特罗同意将其减半为三百美元，每年至多允许一千名心怀希望的古巴人移民——数额仍旧高昂，却让“美国梦”成了更多古巴人可以企及的一种可能性。直到今天，它还被称为“理查森协议”——而我乐意看到自己的名字被冠在那项协议上，无论我会因此招来麻烦还是受人膜拜。

这也就是为什么我愿意说，或者，更确切一点，愿意承认：菲德尔·卡斯特罗和我有不少共同之处。当然，我意识到了，要是美国政客到处宣扬“你知道吗？菲德尔·卡斯特罗和我有不少共同之处”的话，是不会赢下多少选举的。但事实就是这样：菲德尔·卡斯特罗和我有不少共同之处。

奉承一个长期掌控着全球最坚持对抗理念的共产主义国家的领导者——这个人曾在距离美国海岸线仅九十英里的地方部署了一系列俄罗斯核导弹，以此对抗美国——并非一个良好的竞选背景。毕竟，卡斯特罗曾好几次令全世界感到失望。他在首次踏上世界舞台时就玩了一把诱购的花招。尽管他是坐在一辆坦克的后座上进入哈瓦那的，一开始他宣称自己是一个通情达理的民主党人，对来自美国的挑战和诱惑都持开放态度。其后不久，不同的真相浮出了水面：他不过是又一个支持苏联的共产党人，一个心甘情愿的莫斯科追随者。而他距离迈阿密不过丢块石头的距离。（前提是你能把一块石头丢出去九十英里。而菲德尔也许会争辩说，他的一些出色的棒球明星能够轻而易举地完成这个动作。有几个，他坚持说，甚至都能砸到萨拉索塔①的某个人。）

接着，在 1962 年高度紧张的十三天里，在他允许苏联总理尼基塔·赫鲁晓夫（Nikita Khrushchev）修建足以把六十枚核弹头发射到美国本土的导弹基地时，他比有史以来的任何人都更可能让全球陷入核战争。

因此，是的，菲德尔·卡斯特罗一向是个令人不安的人物，可以这么说。

然而，他和我几乎总能友好相处，我一直认为我们之间的共事关系运作良好。

他和我在很多方面相似，这点很有利。我和这个性格张扬的、统治了这个岛国超过半个世纪的男人之间存在不少显而易见的共

---

① 美国佛罗里达州西部城市。——译者

性，这个事实从未让我畏缩。

当然，更有利的是，我们的大多数共性都是表面上的，因而不会在政治上造成妨害。我们都是好胃口的大块头男人。我们都喜欢上好的雪茄。我们都能发表冗长的演说，比我们值得尊敬的听众中的某些人希望的更长。卡斯特罗以爱穿橄榄绿色军装的打扮而闻名，好像这就是他的睡衣，不分场合，像是在对每个人发出信号：他是认真的。至于我呢，有一件心爱的蓝色夹克——我自己的谈判制服，要是你愿意那样说的话——它还挂在我的衣柜里。（在二十多年的环球旅行后，它已经穿旧磨破了，但我不敢和它分开。）要是我能做到完全坦诚，我们俩有时都忽略了，这么说吧，自我呈现的更好的细节。说得具体点，我一向给人这样的印象：过了大半天都不会注意到自己领带上的一处咖啡渍；而菲德尔——好了，我就直说吧——有着比我见过的任何人都多的头皮屑。他的两肩基本就是两处雪峰。我倾向于把这归结为我们有更重要的事情要考虑。

或许最重要的联结——就是在那些赚人热泪的电影里，会拉近哪怕最疏离的父子关系的东西——就是我们都热爱棒球。事实上，我们不仅都是棒球的狂热爱好者，也是劲头十足的玩家。而且，在我们各自的年轻岁月里，还都是相当不错的玩家。有一次到古巴的时候，我甚至去看了一场当地的比赛，这样我就能告诉菲德尔我是如何看待他的选手的。后来，我报告了自己的发现。“他们都让人不爽。糟糕的防守。”他大笑起来，但他不会承认古巴式的棒球比赛里存在任何瑕疵。“肯定是你看的比赛不够好。”他咯咯地笑了起来。

多亏这项私人爱好，我们一直保持着非常良好的工作关系。在任何谈判中，强调你和你的谈判对象之间的相似点从不会造成损害，即使你们不能就谈判中最基本的内容达成一致。你们之间的共性越多，而你越是强调并指出这些相似点，而非任由它们无声无息地滑过，你们就越有可能达成更多共识。卡斯特罗和我之间一向就是如此。这些年来，我们都有合作的意愿，而且都认为我们取得了惠及两国的颇为实质性的成果。

或许我们最伟大的胜利是在1996年，在我前去促成“理查森协议”的一个月后，我又作为国会情报委员会的一员再次前往古巴。那不是一次社会访问。几十名异见者被赶拢起来，投入一间位于哈瓦那的监狱。在这趟行程之前，古巴驻联合国大使费尔南多·雷米雷斯·德·埃斯特诺兹(Fernando Remirez de Estenoz)向我保证，要是我亲自前去——并且友好地提出要求——卡斯特罗或许会让我带上“四个或五个”被关押的异见者回来。我已经为雷米雷斯提供了一份我希望得到释放的十人名单。这是在纯粹谈判中的一次开场叫牌，达到半数就可以被看作是一次胜利。

十年前，1984年，杰西·杰克逊曾在这方面取得过令人瞩目的成功。作为他在全世界范围内发动的一次“道德攻势”的部分行动，他直接与卡斯特罗进行谈判，说服后者从古巴监狱中释放了令人咋舌的四十九名异见者，并将他们带了回来。但我的情况是，在与朋友卡斯特罗在哈瓦那进行了一次两小时的会面后，他仅仅同意让我带走三人，我忍不住要求助于我的西班牙裔兄弟。

“可是菲德尔，你让杰西带走了四十九个人！而你只给我三个人？你给了那个黑家伙几乎五十个，而你却只给我这个西班牙人三个？只有三个？你会让我很难堪。”

没错，这看上去也许是一个低级的谈判策略——提及我们共同的种族身份——但要是这奏效了，就能得到丰厚的回报。我乐意做出任何尝试。

菲德尔被我的手段逗乐了，但他没让步。还是三个人。

看到三人被释放，我是感激的：卡门·阿里亚斯·伊格莱西亚斯(Carmen Arias Iglesias)，一名公开声援美国限制古巴并禁止与其通商的积极分子；路易丝·格雷夫·德·佩拉尔塔(Luis Grave de Peralta)一向以她的地位支持阿里亚斯；以及爱德华多·雷蒙·普里达·戈尔戈伊(Eduardo Ramon Prida Gorgoy)，一名口头支持在古巴实行自由市场的物理学家。他们都得到了自由。

不幸的是，三名获释的异见者的家人仍被困在古巴。我敦促卡斯特罗在我们离开后不久释放他们，而他似乎在考虑这个可能性。因此，相当自然地，我建议格雷夫、普里达和阿里亚斯在我们到达迈阿密并召开新闻发布会时别说任何可能会惹怒卡斯特罗的话：还有谈判工作没了结。普里达和阿里亚斯照做了，但让我沮丧的是，格雷夫没能控制住自己，整场发布会的大部分时间里，他都在告诉记者他对卡斯特罗真正的想法。不出意料，不久后，阿里亚斯和普里达的一些亲属得以离开了古巴，而格雷夫的家人们却没能享有同样的幸运。

在这里有着一条显而易见的教训，甚至能够运用到风险小得多的谈判中。别在走出门的时候冒犯你的对手——即使是无意识的。就算你是胜利的一方，就算你实现了自己的目标，别忘了明天还会有别的目标。总会有下一次谈判，因此，即便眼下一次快速、轻易的攻击会让你感觉不错，但到明天早上就未必了。

这就是我从没冒犯过菲德尔这个人的原因，即使我与强人卡斯特罗之间存在意见分歧。我的付出得到了回报：他一直以尊重和敬意来对待我，即使他断然拒绝了我为谈判付出的努力。尽管，他是众所周知的导致全球几乎遭受热核灭顶之灾的其中一个原因，还有可怕的头皮屑问题，他对我同样——好吧，我就直说了——也是类似朋友的存在。

我意识到了这其中的悖谬。我也意识到某些古巴裔美国人不想听到一个美国政客对卡斯特罗有正面的评价。但就像我说过的——而这是一条值得反复强调的重要经验——即使面对一个对手或敌人，也必须维系和培养与其之间的共事关系。事情就是那么解决的。没有关系？没有对话？没有成果。无可否认的是，卡斯特罗和我在过去几十年里有一段可靠的、卓有成效的共事关系。而且，不知怎么的，我仍然在那些年里神奇地赢得了几次选举。（也许我就是一个那么棒的政客。）

* * *

当然，我们两国之间的关系不总是友好的。自1982年以来，美国国防部就把这个小岛定义为为数不多的其中一个“恐怖主义支持国”——即便是顽抗的、所谓“邪恶轴心国”[①] 成员之一的朝鲜都不在这份麻烦制造国的名单上了。只有伊朗、苏丹和叙利亚仍然和古巴共享着美国官方的黑名单，从而导致严格的、刻意造成严重后果的贸易制裁及其他惩罚措施。尽管卡斯特罗坚称古巴已不再支持武装反叛和境外的动乱事件，美国国防部的看法却不尽相同。具体来说，他的政府既没有切断与“哥伦比亚革命武装力量”（“法克”[②]）的联系，也不曾与“巴斯克家园与自由组织”[③] 断绝往来。他们的说法是，卡斯特罗仍然参与着一系列令人不安的危险活动。

正基于此，在美国和古巴之间不存在官方运作的关系。在哈瓦那一直没有美国大使馆，尽管值得商榷的是，在1962年的那十三天里，如果有大使馆也许会对事件有所助益。相反，在那里只有一个尴尬的被称为“美国利益代表处”的地方，一幢咄咄逼人的大楼

① 美国总统乔治·布什在“9·11”事件之后提出，将那些为恐怖主义活动提供支持的国家列为“邪恶轴心国”。——译者

② Revolutionary Armed Forces of Colombia，“法克”为其首字母缩写的音译。——译者

③ 成立于1959年的恐怖组织，简称为“埃塔”，于2011年10月21日宣布永久停火。——译者

(必须指出的是，那幢楼看着像是大使馆，它的功能也类似于大使馆，而它的防卫程度无疑也达到了大使馆的级别)伫立在大西洋对面海岸线的主干道——哈瓦那海滨大道上。那是一幢典型的海滨房产，与海水的距离如此之近，在刮风的日子里，浪头打来的时候，海浪往往会一路拍过大路——就像它们在格雷厄姆·格林[①]写作《哈瓦那特派员》的那个时代一样——拍打在美国利益代表处的前门上。

这里也是民主制度和共产主义之间宣传大战的正面交锋之处。碰巧，与美国利益代表处比邻的一个大型海滨广场是古巴政客们举行集会、鼓吹他们古巴式荣光的地点。美国人抓住了这个机会，向那些抗议者和政客们鼓吹民主制度的好处，在面对广场的利益代表处大楼五楼窗户的位置装了一面巨型电子显示屏，向古巴人民直接展示着一连串的信息。据说其中有这样一条：美国祝愿古巴人民新年快乐。尽管看来无关紧要，但古巴人还是把这条讯息看作一项迂回的、不光彩的策略，并且参与到了这个颇具娱乐性的争取胜过对方一筹的游戏中来。他们在广场和大楼之间竖起了一片由一百五十根高耸的旗杆组成的旗阵，其阵势就像一块帘幕，能够在任何需要的时候完全遮挡住电子屏的内容——其本质就是一面旗墙。传递的讯息很清楚：任何一个在广场里享受政治集会的古巴人都无需再忍受让一个美国人祝贺他们新年快乐的轻慢。

我不能否认，古巴和美国之间这段紧张且不愉快的关系偶尔也渗入了我和卡斯特罗的关系中——或许也是不可避免的。在 1996 年的一次访问后，我从古巴的朋友们那里得知，卡斯特罗认为我没有做出充分的努力，告诫美国他对“拯救兄弟”[②] 的负面看法。这

① 英国作家、剧作家、文学评论家。——译者
② 在美国的古巴人组织，协助古巴人逃往其他国家。——译者

是一群身处迈阿密的古巴流亡者，他们驾驶飞机穿行在古巴的领空。卡斯特罗认为他们是在嘲弄和挑衅古巴政府。我确实传达了卡斯特罗的想法，但当古巴武装直升机击落了其中一架飞机后，美国和古巴的关系进一步恶化了。

我和卡斯特罗“游戏关系”的最荒唐的例子发生在我们同时出席委内瑞拉总统乌戈·查韦斯(Hugo Chavez)的就职典礼时——顺便提一句，后者是另一个在其执政期间活跃得令人印象深刻的领导者。他的就职演说持续了四个小时。我们知道查韦斯是个左翼分子，但当时我们仍然以为我们能够对付他，因此，美国国务院同意我出席这次盛大的典礼。

接待处设在加拉加斯①一处豪华的城堡。在我们的大使得知卡斯特罗和我会在同一时间抵达同一城堡后，他几乎就要爆发了。他的过度反应有点滑稽。而他给我下达的指示则更古怪，尤其考虑到以下两点：第一，我跟卡斯特罗很熟；第二，全世界都知道我跟卡斯特罗很熟。尽管如此，他还是强硬地表示：你不能问候他。要是他伸手过来，你不能跟他握手。要是他冲你笑了，你不能做出回应。要是他想拥抱你，跑。要是他叫你的名字，假装你不说西班牙语。哦，我也许夸张了点，不过差不多就是那样。

幸亏卡斯特罗知道我的处境，也尊重我的处境，因此他没有坚持。事情的结果蠢得令人难以置信。甚至我的其中一个随行人员瑞贝卡·加盖(Rebecca Gaghen)都试着要把我从他身边调开，城堡就只有那么点大。当我们最终在挤满了人的院子里撞上时，他只是沉默地冲我点了点头。我回应了同样的动作。

但我们没敢握手。

要是我们握了手，你能想象会惹出多大的乱子来吗？

---

① 委内瑞拉首都。——译者

是啊，我也不能。

* * *

要是你知道卡斯特罗和我共事的频率，以及我们如何——通常都能——取得真实的成就，事态就会显得愈发荒谬。

尽管我最近一次前往古巴的情况不能用成就来描述。不，我最近一次前往古巴的访问是一次彻头彻尾的失败，没有更仁慈的说法。2011 年 9 月，在卡斯特罗把统治国家的权力移交给他弟弟劳尔(Raul)后，我再次前往古巴。我对劳尔的认识不及他人生经历更丰富的哥哥，但这并未阻止我又一次返回哈瓦那，期待帮助一名高调异见者被释放。

阿兰·格罗斯(Alan Gross)是美国国际开发署①的一名美国合同工。他被派往古巴，在试图为岛上的小型犹太社区安装卫星网络路由设备后遭逮捕。格罗斯试图把古巴人连接到古巴政权无法控制的通讯网络的举动被视作一次破坏性的颠覆企图，令古巴当局暴跳如雷，并指控其犯下三项罪行：间谍活动、为美国政府工作、试图颠覆现有政权。2009 年 12 月 3 日，就在他本该离开古巴，回到身处马里兰州的妻子身边的前夜，四名笨重粗暴的古巴特工找上门来，逮捕了他。

自那时起他一直遭到扣押，被判处十五年监禁。这是一个悲伤的故事。他的母亲和女儿都罹患癌症。据说他的健康状况相当糟糕。最新的照片显示他在被关押期间瘦了超过一百磅。不出意料的是，在匆忙对他进行了一次无疑相当草率的医疗评估后，古巴当局

---

① 美国国际开发署(United States Agency for International Development)是承担美国大部分对外非军事援助的联邦政府机构。——译者

否认他患有癌症，并指责美国政府撒谎以博得同情，同时陷古巴方面于不义。他们声称他是一名间谍，必须完整地服满他的刑期。

只希望那不会是无期徒刑。

公平地说，美国国务院对格罗斯在古巴的工作内容一直非常谨慎。他的任务在乔治・W・布什政府期间得到通过，是一个由美国国际开发署设计且存在部分争议的项目——也有人认为有些过度挑衅，其源头是1996年通过的《古巴自由与民主声援法案》，又被称为“赫尔姆斯-伯顿”法案(Helms-Burton)，以当时助其通过的参议员杰西・赫尔姆斯(Jesse Helms)和丹・伯顿(Dan Burton)命名。“赫尔姆斯-伯顿”法案长期以来都是古巴的眼中钉。该法案明确拨款资助创造各类渠道，以帮助古巴人在没有得到古巴政府许可的前提下获取各类信息，此举当时在很大程度上是为了促成菲德尔・卡斯特罗的倒台。或者，用法案的话来说，“和平过渡到典型的民主制度和市场经济”。

不消说，我当然是完全赞成信息自由及民主制度的和平过渡的。然而，在古巴的领导势力看来，依据“赫尔姆斯-伯顿”法案产生的任何行动，无论形式或方法，都是一项罪行。

坦白说，无论格罗斯从事的是何种工作——温和无害或带有恶意——都不是我在意的内容。我关心的是让他获释。而在这件事上，我犯了好几个错误。

我想我的第一个错误是相信了古巴大使豪尔赫・阿尔贝托・博拉诺斯・苏亚雷斯(Jorge Alberto Bolanos Suarez)的话。他是一个非常友好的、上了年纪的人，自六十年代早期起就在古巴外交部工作。但他也是一个口气比力气大的人。在任何预谈判中都非常关键的一点：只和那些掌权的人打交道。我们常说别从一个不能说“是”的人那里要“不”的答案。好吧，由此而来的推论也是真的：别从一个只有说“不”的权力的人那里要一个“是”的回答。要是他们没有获准与你打交道，那就别去理会他们。

不管怎么说，博拉诺斯暗示要是我能提出一些作为激励的回报，将会增加我帮助释放格罗斯的几率。不幸的是，最终事实证明博拉诺斯早已不再具有左右古巴当局的能力了。他与菲德尔的关系比跟劳尔要近得多。然而我相信了他——这令我大为懊丧——因此我提议了一长串外交方面的诱饵，认为古巴方面会因而感激：最值得注意的是，努力将古巴从恐怖主义支持国的名单上去除，允许某些被囚禁在佛罗里达的古巴间谍与他们的家人取得联系，合作治理改善古巴的环境，帮助古巴人建造急需的医院。没有承诺，没有保证，但有真挚的努力。

作为回报，我要求与新任总统劳尔·卡斯特罗会面。博拉诺斯只能保证让我与外交部长布鲁诺·罗德里格斯·帕里拉(Bruno Rodriguez Parrilla)会面。即便如此，知道罗德里格斯也会参与到为格罗斯而进行的谈判中来，以及考虑到他和我此前曾有过共事，我满怀自信地接受了这项安排。

事实上，我确实太过自信了，因而犯下了第二个错误。通常，在高级别的谈判中，使用舆论推动你的目标会是个好主意——向世界宣告你想要做什么，你想实现什么。在这件事上并不适用。可我还是通知了美国有线电视新闻网的沃尔夫·布利策，对他说我将要出发前往古巴，我也许能有幸把阿兰·格罗斯带回来。他转而通过有线电视新闻网国际频道向全球发布了我的计划。2011 年的时候，尽管古巴人或许看不到全球大部分的电视频道，但他们还是能够看到有线电视新闻网国际频道的。因此，在飞抵哈瓦那踏进纳西昂纳尔酒店的大堂时——大部分外交官都会住在那里；而大部分没有更好的事情可做的记者们都流连在那里交换信息，到酒吧里喝上一杯——我被摄像机和麦克风包围了。我才刚到那里，甚至都没有进行我的第一场会晤。太多的曝光，太快了。我把自己想象成我的谈判对手：天哪，理查森太自大了，他们肯定会那样想。他以为自己是谁呢？

这是一条以艰难方式习得的简单经验：别跑在谈判前面，别在公开场合揣度你的谈判对象的合作意愿。换句话说，要是你想请求你的兄弟帮个忙，就别对你的姐妹说事情搞定了。我把古巴人逼到了角落，对此他们可不怎么高兴。

在到美国利益代表处报到并与行动长官进行磋商后——始终向你的总部更新你的情况，有可能你临时需要他们的帮助，这总是个不错的主意——我知道我需要尽快和古巴方面把事情摆平，因此我动身去见了布鲁诺。

在古巴见面之前，我和布鲁诺·罗德里格斯·帕里拉这个人已经打过几次交道。在成为古巴外交部长前，他是古巴在联合国的常驻代表，当时我是美国方面的代表，我很高兴能与他结识。他经常给我塞雪茄，而我会在联合国的休息室里抽，招来不少联合国同事的嫉妒（还有某些同事的嘲笑）。当我抵达我们将要会面的宾馆门口时，我不知道我们的关系是否还能继续引向不错的成果。

他用一个夸张的笑容和更夸张的拥抱迎接我。他立刻就奠定了这次会面的基调：穿着一件舒适的瓜亚维拉[①]，嘲弄了一番我密不透风的西服套装，说这玩意儿不适合西班牙人。他的揶揄让我放松下来。显然他希望这是一次诚恳的会谈，像我一样。另一方面，我能感到一场友好的相互角力——换句话说，谈判——早就开始了。

就在那时，他惯例地向我表示了友好：一支雪茄。我当然接受了。

这类闲聊和亲切的欢迎方式是任何一个层级的谈判都必需的组

---

① 古巴男士在一般外事和礼仪活动中的特定着装，只有在特别正式的场合他们才会着西装。——译者

成部分。以友善、亲睦的气氛跨上谈判的舞台——你的孩子们好吗，你太太好吗，你丈夫好吗，你的高尔夫打得怎么样了，再迈向实质性的问题之前——不如我们别再浪费时间了，你照我说的办。通常，明智的举动是等着你的谈判对手提起这茬，导向问题的核心。然而，闲聊也可能会变得无趣，尤其当你在一顿饭吃到一半时才意识到你的主人不过是在拖延时间。

我选了他手上最短的那根雪茄。

侍者给我们倒酒时，布鲁诺道出了他的开场白。“理查-森！”他说。

从很久以前我就注意到了，我的西班牙裔谈判对手们会用我的姓来称呼我——并且过度夸张地发音——作为一种热情的表示。

“理查-森！请告诉我你想对我说的。”

这是打从我抽完那根短雪茄后就一直在期待的开场白，于是我开始告诉他我的想法：释放美国合同工阿兰·格罗斯。可他打断了我。

“理查-森！让我们谈谈你的国家的政治情况。”

尽管看着像是在试图拖延，但这也是一个我相当感兴趣的话题，因此我让他说了下去。

“告诉我，”他说，“奥巴马会赢得连任吗?”我还没来得及提出我的看法，他就自顾自地说起了他对奥巴马有多少赢面的看法。就在那时，我意识到他是在拖延：他只想听自己说话。

现在轮到我来打断他了：“劳尔怎么样?”

他随便地应付了一句，又回到了刚才的话题上。

“你认为奥巴马会打败罗姆尼[①]吗?”

① 威拉德·罗姆尼(Willard Romney)，美国政治家、企业家，马萨诸塞州第七十任州长。2012年曾参加美国总统选举。——译者

我意识到唯一能让我有所进展的方法就是想办法用我的回答把我们带回正轨。“是啊，我想奥巴马会赢得连任的，”我对他说，“你得承认他对古巴和美国的关系是有益的。但是，”我说，“你们这群人可没给他相应的回报。”

他看出了我的意图，但他没上钩。

侍者端来了汤。

我们喝完了。

侍者端来了鱼。

我们吃完了。

他们端来了牛排，上了红酒，还有甜点。

都很美味，但仍然没有进展。

我早就燃完了那支不长的雪茄，现在我的耐心变得更少。

终于，尽管他是招待我的主人——尽管那违反了我的原则(通常最好让你的谈判对手来掌控事情的进展)——我唐突地提起了美国被拘留者的话题。

“让我们来谈谈格罗斯的事吧。”我说。

他又一次显出不太乐意转向这样一个沉重话题的样子，但他让我带动了话题的走向。

“好吧。”他说。

我概述了一通我有权提供的几项交换条件。他显出有兴趣但又怀疑的样子。

“这是总统方面的意思吗？”

不是，我对他说。

“是白宫方面的意思吗？”

也不是，我对他说。

“得到国务院的首肯了吗？”

没有，我对他说。

我开始怀疑他是否要沿着政府机构列表一路下行，直到度量衡局。

“这些都是你编出来的吗?”他问。

我向他保证不是的。

针对把古巴从恐怖主义监察名单上移除这件事，他问道：“你能签署一份保证这点的文件吗?”

我对他说我不能，但要是他能踏出第一步——释放格罗斯——其后一连串的进程就会被落实，确保古巴从名单上消失。

“但这不是一个确实的承诺?”他问道，大惊失色的样子。

我开始意识到他这方面的问题。尽管我是带着交换提议来的，却没能带来保障和承诺，听上去肯定很空洞。

我换了一种方式。

“听着，我会拼命保证你们得到那些好处的。跟我合作吧。”

他没被完全说服。

“你从哪儿打听来的，说我们准备放弃格罗斯?”他问道，“我们只知道你对沃尔夫·布利策说了你要把格罗斯一起带回去。”

要命。他说得对。我在这件事上表现得太过头了，向公众做出了我在私下里还没传达过的承诺。

“你的大使说这会成真的!”我坚持道。这不算是一个有力的论据，当下我就意识到了，援引博拉诺斯的承诺并不会有所帮助。

不过我还有一招。

“你们的政策有变化了吗？你们到底想不想和我们改善关系?”我问道。

“哦，理查-森!”他回应道，“我们想和你们改善关系，都等了六十年了。可是什么都没发生!”

“布鲁诺，这可不妙。我待会儿要回到纳西昂纳尔酒店，他们会问我们都谈了些什么。我要怎么跟他们说?”

“你就跟他们说，我说：‘你们以为我们是什么？一个第三世界国家?’”

我想说古巴在某些方面确实符合第三世界的标准，但那样就太不礼貌了。

“你会给我格罗斯吗?”我问道，也许太过直接了一点。

他和我一样直率：“不。”

并非我期望听到的回答。

这是一个明确的回答，但并不意味着我们的谈判就此画上了句点。在这里还有一条经验：在一次谈判中，即便你最看重的要求没能实现，总还有些次要的谈判点，那样至少你还能感到这段关系在向前推进，并且总算有所收获。

“那好吧，”我对他说，“我还有另外两个要求。”

他所有的回应不过是：“我会转达的。”

“我想和劳尔见个面。我也想见见格罗斯。”

“我不认为这有可能实现。”他说。

“为什么不?”

“因为你之前没要求过。”

“我现在要求了!”我笑出声来。

“不可能。需要事先完成太多准备工作了。”

“准备？什么准备？我们就跳上你的其中一辆高级老普利茅斯车，然后你带我去见他，这不就得了!”

“不，他需要为见你做些准备，相关人员需要得到报备，太复杂了，不可能匆忙完成。”

没有说服力的论据，全部都是。

“再说，我需要在三小时内赶到委内瑞拉!”他说。

很明显，他就是在给我使绊子。

“为什么？那样你就能跟查韦斯和其他左翼分子待在一块儿?”

我开了个玩笑。

“哦，是的。”他说。

我语塞了。

“布鲁诺。”

“理查-森！”

“布鲁诺！“

“理查-森……”

“布鲁诺，你知道我必须回去跟媒体说点什么，他们会知道事情进行得不顺利的。”

“你就做你必须做的吧。”他没再开口。

我没回纳西昂纳尔，心里很清楚我将要面对一群聒噪的媒体，都怪我之前犯的错。我还不知道自己要如何讲述这次失败，才能让它显得不那么难看。因此，我的团队和我转而去了一个朋友家里，他的房子俯瞰着哈瓦那海滨大道。我心灰意冷，感到挫败。

我已经被告知约瑟菲娜·维达尔(Josefina Vidal)——一名负责美国事务的古巴高级外交官——会给我打电话，告知针对我那些要求的官方回答。我试着降低自己的期望值：至少，他们已经允许人权组织和国会黑人民权核心委员会的某些成员前来访问。

约瑟菲娜打来的时候，我没想到她会这么说：

“布鲁诺在这儿。”

他带来的是坏消息：“第一，总统不能见你——他太忙了。”

那没问题。在这个节骨眼上，我更想见的是格罗斯。

“第二，”他说，“你不能见格罗斯。”

布鲁诺！

“好吧，布鲁诺，你让我别无选择。我不得不带着这个消息回去见媒体了。”我的团队和我都认为，不能让媒体完全碰壁，什么消息都没得到就回去了，这点很重要。在这个时刻，我们的想法是，一点儿舆论压力会是我们最好的——或许也是最后的——软化他们的机会。

我们在酒店召开了一场新闻发布会。倒不是说我们需要这么做——他们已经在那儿了，在酒吧喝酒，等着找点能报道的新闻。按照古巴的标准，那是一支庞大的队伍——五台摄像机，十个纸媒的记者，说着大概十五种语言。

而我感觉很不好受。在你热血沸腾的时候面对摄像机永远不是个好主意。因此我犯了又一个错误。我用西班牙语说道："我来到这里，试着就释放阿兰·格罗斯的事宜进行谈判，但他们不愿谈判。因此我呼吁古巴政府释放阿兰·格罗斯，我恐怕他已经成了一名政治人质。"

我本该用"被拘留者"这个词，而不是人质。我不安地爬上床，唯恐自己用这一个词就把糟糕的情况推向了更糟的境地。

然而，第二天一早我接到了一通来自约瑟菲娜的电话。她带来了新的消息，我被召去和达戈贝托·罗德里格斯·巴雷拉（Dagoberto Rodriguez Barrera）进行会谈，他是一名外交官，也是古巴利益代表处的前处长。我对我的团队说："也许这件事情要有突破了。也许他们屈服了。"

于是我们火速赶往另一个豪华的安全屋进行这次会面。我喜欢达戈贝托，部分是因为他的名字发音很有趣，他还是唯一一个会叫我"比尔尔尔"的古巴人。他通常都会友好地问候我。但在这个早晨，他是为公务来的。惯例的友好寒暄都被省略了，他们要求我坐下。在你被要求坐下后不会发生什么好事——这几乎都成了常识。从来不会是"坐下，你中了大奖"。

但我还不知道在等着我的是哪方面的坏消息。就在这时，达戈贝托对着一张纸开始照本宣科。"我们在此发布一项官方声明。"

"我们希望你离开这个国家。"

哦。我知道自己那个人质的疏忽惹恼了他们，但我得说我没想到事情会这样发展。

他继续读道："我们已经就阿兰格·罗斯有过商谈，如你所知，我们的讨论并无显著成果。我们希望你离开古巴，因为谈判并未成功。"

说到那里，他只是冲我笑了笑。

无需多言，没人想要被赶出一个国家，就算还有一个笑容。这叫人刺痛。于是我说："不。"

不确定他们是否想到了这样的回答。

"我想要你们知道，"我继续道，"我不会离开，除非我看到了阿兰·格罗斯在医院里。我不会自愿离开古巴。要是你们想驱逐我，就那么做好了。"

这是一个大胆的声明，我知道我没有充足的理由。我真的愿意永远待在古巴吗？不管怎么说，格罗斯和我都没理由要被永远囚禁在这里，就算是在一个像纳西昂纳尔这么豪华的酒店里。见鬼，我就知道我办不到的！

尽管如此，我还是回到酒店里，向媒体重复了我对达戈贝托说过的话。我告诉我的团队我们也许要在这里呆上一阵，因此他们得给航空公司打电话取消我们回程的航班。同时，我谨慎地对他们说不要预订其他航班，因为古巴人肯定会监听我们的电话，他们会知道我们是否只想拖延一两天。

于是我们留下来了。他们没试着驱逐我。他们也没让我见格罗斯。这是一盘僵局，但要再加一个隐喻：他们掌握着所有的牌。几天后，古巴方面和国务院做了交流，国务院对我说，他们认为古巴方面不会改变自己的立场。

见不到格罗斯。

见不到劳尔。

但他们带回了一个新的要求。“我们要接收‘古巴五人’。”“古巴五人”是一个间谍组织，在二十世纪九十年代被派往迈阿密，目的是为了渗透进古巴流亡群体。他们已被逮捕并监禁了十五年。但他们仍未被遗忘。在哈瓦那待上几天，你就会看到上百张广告牌和海报，他们被描述成反恐英雄，人们坚决主张要让他们安全回国。

表面看来，用他们交换格罗斯似乎不是一场公平的交易。“古巴五人”的间谍身份毫无疑义，而且他们造成了实际的损害——他们的队长杰拉尔多·埃尔南德斯(Gerardo Hernandez)为哈瓦那提供的情报在1996年曾导致两架民航班机在佛罗里达海峡上空相撞。格罗斯这方面的事实则很明显——而华盛顿方面似乎也准备坚持这点——他不过是一个不知情的工作人员，因为试着帮助古巴的犹太人而陷入困境。事实是否如此无关紧要。一个“五换一”的交易有点说不通。

不管怎么说，我不打算立即在那里就释放这些间谍的问题进行谈判。我别无选择，只好灰溜溜地返回美国。

我曾坚称我不会留下格罗斯独自离开。最终，我还是留下他独自离开了。

后来，我被告知，在我抵达的时候，古巴方面其实是打算释放格罗斯的，前提是我带去一些不错的交换条件。但在那之后的几次高层会议上，劳尔被说服，“你不能轻易放弃这个家伙”。他们重新想出了“古巴五人”的计划。坦白说，我不知道自己是否相信这个说法。他们似乎从一开始就不愿配合。

不管怎么说，我确实在谈判中失败了，好几次了。我犯了几个新手的错误。我过早地接触了媒体，就此站到了我的谈判对象的对立面。我使用了一个外交官本该知道不能使用的言语。而且，在自尊心受挫时，我使着性子说我不会离开，除非你们给我想要的。

但我的失败可以成为你的胜利，因为从我的失败中可以汲取一些重要的教训，而它们能够——应该——被应用到哪怕最普通的谈判中去。

因此，勇往直前吧，让我们达成一致，你永远不该为强迫你的谈判对手屈服于你的意志而沾沾自喜，这只会让他们产生防备。

让我们达成一致：你必须在描述事情时永远谨慎使用你的话语，以防它们刺伤你的谈判对手。这可能会冒犯他们。

让我们达成一致：你永远不该做出你清楚自己无法兑现的威胁。这也许会让你被驱逐出境。

让这些成为我们新的“理查森协议”。

6

刚　果

上帝说：“让我们这么做吧！”

2011 年，我被召去阻止一场内战。

这样说也许不够真实——而且无疑把太多功绩归功于我——尽管事情就是那样找上我的。每个人或许都以为我有能力做出如此重要的事情，这令我有点沾沾自喜，但就算是这份错置的信任也不能缓解任何压力。尽管如此，在我降落到非洲中部时，毫不夸张地说，没什么比这更能让头脑感到兴奋：走下一架飞机，进入很快有可能成为交火地带的区域。

刚果民主共和国，或 DRC——通常新闻或报纸报道在提及最近那次大屠杀时，往往会用不善的口吻简称其为刚果——地球上最危险的国家之一。即便是它的建立都伴随着暴力。现在我们所知的刚果是 1997 年武装叛乱的产物。当时，劳伦特·德西雷·卡比拉(Laurent Desire Kabila)的势力突然袭击了金沙萨①，取代了蒙博托·塞塞·塞科(Mobutu Sese Seko)②。在那些试图颠覆国家政权的其中一次不幸的尝试中——这里没什么可看的，往前走——卡比拉把他新驻地的名字从扎伊尔改回了刚果民主共和国，这个自

1971年后就没人再用过的名字了。

莎士比亚也许会这么说：即使这里不叫刚果，依旧是无数未被讲述的杀戮的家园[3]。

我知道这点，是因为事情发生时我在那里。

那年——1997年——在作为美国驻联合国大使期间，我被总统克林顿和国务卿玛德莱娜·奥尔布赖特派往刚果，明确警告蒙博托，他作为扎伊尔领导人的日子已经屈指可数了。他已经统治了三十多年，他的政府实力已大大削弱了。他自己也一样，因为前列腺癌的缘故。（引人发笑的是，这个国家崭新的货币被当地人戏称为“前列腺”，因为他们怀疑这些新钱印制出来只是为了支付蒙博托的医疗账单。）因此，当我与他见面时，我说得很直接。“你可以带着尊严和你的财产离开，要不你就得成为一具尸体离开，”我对他说，“要是你以为事情会往对你有利的方面发展，那就是在做梦了。”

我还被要求为蒙博托和卡比拉安排一次会面，尽可能尝试让任何权力的移交都和平进行。两人都愿意会面，但卡比拉提出了一个通常只会在漫画书里听到的要求：我们必须在公共海域进行这次会面。（在外交这行里，从不会有无聊的时候。）

美国国务院和玛德莱娜·奥尔布赖特认为由南非总统纳尔逊·曼德拉（Nelson Mandela）和他的副手塔博·姆贝基（Thabo Mbeki）担任本次政权更迭的调解人是至关重要的。这是有道理的，毕竟，他们为蒙博托提供了南非这个流放地。很快，我们降落在海港城市黑

① 刚果民主共和国的首都，也是中部非洲最大的城市。——译者

② 原扎伊尔共和国（现刚果民主共和国）总统，1965年通过政变上台。——译者

③ 这里借用了莎士比亚《罗密欧与朱丽叶》中的一句台词，原文为“玫瑰易名，馨香如故”。——译者

角（"非常'黑暗的心'[①] 的地方"，一名助理曾这样描述这里），并登上了南非破冰船奥登尼瓜。我们的目的地：公海。蒙博托和我们同行，卡比拉没有。他坚持稍后通过直升机降落到船上。

我们等着卡比拉抵达——坦白说，我们渐渐开始担心他永远不会出现了——曼德拉和我制订了一个行事计划。我建议由我来开场，然后交由南非总统来控制事情的走向。"我会做开场白，但你得把事情搞定。你需要调停这件事。"我对他说。

曼德拉抗议道："不，议员先生。我认为应该由你来调停这件事。"

曼德拉显然分心了，我不能让他集中精神，也无法理解为什么会这样。接着他的其中一个随从给他递了一张纸条。他退到隔壁的一个房间里，打了一通卫星电话。我能听到他那边的对话。不需要超能力也能推断出来，他是在跟他的未婚妻格拉恰·马谢尔（Graca Machel）说话。

"我爱你，亲爱的。""我等不及要见你了，宝贝。""你是我一生的挚爱。"

好一个谈判专家。

打完电话后，曼德拉回到我们这边，像变了个人似的。他抓住蒙博托的胳膊说："我亲爱的朋友，是时候创造和平了。"

蒙博托能够感到曼德拉声音里的力量，同意立即把权力移交出去。

像我说的，好一个谈判专家。

然而，不开玩笑，尽管对自己的谈判技巧相当自信，我还是十分敬重纳尔逊·曼德拉的。他是一个真正的谈判大师。他周身都散

---

① 《黑暗的心》，英籍波兰作家约瑟夫·康拉德的主要作品之一，讲述了船长马洛在非洲期间的经历。——译者

发出一种摄人心魄的力量，一种精神。我自己也曾被这种力量迷住了。举个例子：那年夏天早些时候，他和我在黑角机场就这次要进行的谈判有过一次简短的会晤。但我们并非都谈公事，作为娱乐我们还欣赏了一段传统舞蹈。曼德拉抓住我的手臂说："你必须跳舞。"

你得理解，我不是一个有魅力的舞者。我试着对他解释这点。他摇了摇头，不。

"你必须跳舞。这是对非洲人民的一个象征性的示意。"

我跳了。非常糟糕。但这就是我的观点：纳尔逊·曼德拉提出要求的时候，你不能拒绝。

* * *

不幸的是，卡比拉没能出现在那艘破冰船上(是的，我觉得我们在一艘用于破冰的船上主持谈判是件可笑的事)。我们返回了港口，灰心丧气，也感觉受了冒犯。但我们没有放弃：塔博·姆贝基和我分头飞往安哥拉追踪他的去向。姆贝基找到了他，并让这个逃避的反叛军首领和曼德拉通了话。

我不确定曼德拉说了些什么。我猜跟"你是我一生的挚爱"相去甚远。更确切点，也许是类似"你必须跳舞"的话，因为卡比拉跳了。不久后他就和蒙博托见了面。

几个月后，蒙博托从他一直生活在其中的"梦境"醒来了，也确实离开了他的国家，把自己流放到了摩洛哥。然而，我并不完全肯定他的继任人——卡比拉——会成为一个更好的领导者，能够终结他饱受战争创伤的国家里的内战冲突。

事实证明我是对的。同年晚些时候，我又回到那里，卡比拉早就证实了自己并非一个仁慈的领导人，而他的刚果民主共和国很难配得上“民主”二字。

首先，他几乎把我们扣作人质，拒绝为我们提供返回飞机必要的汽油。他声称手头没有可以找到的汽油。需要经过一些谈判，但却是一种危险的谈判形式。我不会直接与他讨价还价。我只会让他看到这是一个严重的情况。

在类似这样的时刻，我大闹了一场。通常你能找到的同谋只有你自己的雇员和朋友。在这样的情况下，我转向特助瑞贝卡·加盖，当着每个人的面大声宣布，要是她不能为我们找到需要的汽油，她就被炒了。房间里的人都被震住了。

“是，先生。”瑞贝卡回应道，匆忙走出了房间。

当然，她知道我的意图。我要“炒了”我的雇员的频率相当之高，尽管我很少真的是那个意思。“早安，你被炒了”、“今天很棒，你被炒了”、“晚上五点来接我，你被炒了”——类似这样的。这只是我一种用来表达喜爱的方式。但那天，在和卡比拉的会面中，我听上去很有信服力。没过多久，他的工作人员奇迹般地为我们找到了点汽油。

尽管如此，我们现在还是必须跟这个人谈判。最严重的，也是最糟糕的，是卡比拉决定与国际社会为敌的挑衅行为。具体来说，他一直拒绝人权调查员入境，后者由联合国指派来调查卡比拉的军队是否犯下了种族屠杀的罪行，杀害了从邻国卢旺达逃来的几万名胡图族难民。他坚持要我帮他获得来自美国的帮助，作为他让调查员进入刚果的回报。“这招不错，”我对他说，“这么说吧，你先让调查员进来，然后我们再谈别的。”令人惊讶的是，他同意了——此前我一直相当肯定他会笑着把我轰出房间。但当调查员们终于抵达时，他仍然对他们采用拖延的态度，不允许他们前往除金沙萨以外的任何地方。

之后，我在一年内第三次回到刚果，经历了几乎一模一样的事情。卡比拉为了安抚联合国秘书长科菲·安南(Kofi Annan)，确实让调查员们入境了，却又一次把他们的行动范围限制在首都以内。

最后，除了科菲和我，还有别人也被卡比拉惹恼了。三年后，卡比拉被谋杀，名义上的凶手是他的其中一名高级军官。真相晦暗不明，但有一点是确凿无疑的：显然比起我们，卡比拉的军官对他的行为更加愤怒！

然而，卡比拉遇刺并未终结卡比拉的政权。三十岁的儿子约瑟夫接替了他的父亲，令刚果更深地陷入经济和政治的困境。

太遗憾了。这是一个美丽的国家。数十年来，它都被自私、危险、毁灭性的领导者统治着，他们企图将这片土地化作一个少有游客敢涉足探索的地方。

* * *

2011年，约瑟夫在这片区域挑起了更多事端——也给我造成了更多麻烦。因为他作为总统不够稳固的地位，以及他为了抓住权力而采取的渐趋极端的策略，我再次被要求前往刚果。那年，大约有一打政党派出了代表参加总统大选，而约瑟夫·卡比拉拒绝与他们中的任何一个人会面。他的主要竞争对手艾蒂安·齐塞凯迪(Etienne Tshisekedi)已经开始指责卡比拉蓄意操控大选，并指出他的支持者们在街头的暴动行为。坦白说，这看上去不是一段适合接近那个地区的时间。但在美国国内的非盈利组织“国家民主协会”察觉到一场内战正蓄势待发，因此其主席肯·沃拉克(Ken Wollack)点起了行动的信号，给我打了电话，问我能否跳上一架前往金沙萨的班机，试着让卡比拉起码和他的那么多对手见个面。或许对话能够缓解紧张的气氛。

我有点怀疑，而且相当不情愿：事实上，有些人怀疑我是约瑟夫能够掌权的助力之一，因此我总是试图和这档子事保持距离，别去掺和。而且，说句实话，肯在解释为什么我是这项使命的恰当人选时说的话并没能完全让我放下心来。“随便哪个立场的人都喜欢你，”他说，“尤其是卡比拉。”又一次，我陷入了尴尬的、不受欢迎的境地。尽管不再插手政治了，我还是不愿成为一个军阀最喜爱的外交官。这并不会对我的声誉产生奇效。

尽管如此，我还是去了。要是能帮助阻止一场内战，那也算是我能尽的一点微薄之力。

* * *

在我抵达那里的时候，媒体对我此行的报道普遍持正面的态度。不少人还记得我是那个帮着把蒙博托赶出去的人。(他被一个同样冷酷无情的领导者取代了这点对他们似乎无关紧要，这让我松了一口气。)我立即开始工作，给所有主要的竞选人打了电话，要求他们尽快赶来见我。我想听听他们的抱怨和他们大致想要表达的东西。无需多言，在任何谈判中——不管是和军阀还是太太——你做的前期调查越多，你的处境就会越好。你总是希望成为房间里最先得知消息的人，无论是在会议室还是(让我们都诚实点)卧室里。

然而，尽管缺乏现代通讯技术，刚果仍是一个巨大的流言散布地。在丛林里没有太多社交网络，因此我不确定这些流言是如何散播的——除非口头传播(而且只有口头传播)的速度可能非常快。但要是我想实现任何目标，就必须打破这条特殊的流言：很多人认为我到这个国家真正的原因是美国政府想要我直接转告卡比拉他必须下台——就像我在十年前对蒙博托做的那样。这不是真的。因此，在和每个参选人见面的时候，我确保他们理解一点，即我到这儿来的主要目的是帮助阻止日渐尖锐的暴力威胁，并协助选举委员会指导每个人如何合法、透明地进行投票。说句实话，我觉得他们都有点失望！

距离选举还有一个月，因此我告诉他们，在这个过程中，我会始终保持公正，并一直待到我完成自己的使命。这项使命就是：在所有主要党派间建立公开和对话的桥梁。

但这还不是全部。我还有一个想法。要是我能让他们意识到我不仅仅是为了选举的缘故而来的，或许还能在其他方面做点好事。毫无疑问，我在这个国家有着充裕的时间——金沙萨的一个月像是其他地方的一年。我不确定自己要着眼于哪方面确切的事宜，因此我把所有能找到的人权组织都聚拢来，让他们坐到一起——大赦国际①、无国界医生②、人权监察站③。（我很高兴他们同意与我见面，但他们也提醒着我一个令我烦扰了很久的问题：尽管做出了那么多正面的努力，但他们几乎都是白人。多年前我就对他们说过，他们应该吸纳一些拉美裔人群，但我能说什么呢——你不愿听。）我很高兴能见到他们，因为只要你能在自己身后聚集起一支队伍，你就总能在谈判开始之前建立起支持的基础，你的人员不仅能让对方感到胆怯，还会赋予你知道自己并非孤身一人的信念。在一个像刚果这样危险的国家，当你只有一件蓝色上衣和对和平的祈求时，很容易就会感到孤单。

---

① 大赦国际(Amnesty International)，于1961年5月28日在伦敦成立。其宗旨是"动员公众舆论，促使国际机构保障《人权宣言》中提出的言论和宗教自由"与"致力于为释放由于信仰而被监禁的人以及给他们的家庭发放救济等方面的工作"。——译者

② 无国界医生(Doctors Without Borders)，于1971年12月20日在巴黎成立，最初的成员皆为深信世界人类都有获得医疗权利的法国医生和记者。目前成员已遍及全世界，每年有两千多位志愿人员在约六十个国家中服务，是全球最大的独立医疗救援组织。——译者

③ 人权监察站(Human Rights Watch)，一个非政府的国际组织，成立于1978年，总部设在美国纽约，以调查、促进人权问题为主旨。——译者

几乎完全一致地，这些非政府组织都认为在刚果(令人难过的是，在很多非洲国家也是)最棘手也最糟糕的问题之一，就是针对妇女的可怕的性暴力问题，军方太过经常地使用这种手段来控制人群——侮辱妻子和女儿，恐吓她们的丈夫和家人。这是一个广泛存在的问题。据估计，在刚果每年有四十万女性遭到强奸。因此我询问了每一个非政府组织，征求他们认为对抗这个问题的最有效的方法。他们对我说，在选举之前，我们可以让每个主要政党许下承诺——以书面形式——要是他们赢得选举，必须要打击性暴力问题。这看似是微不足道的一步，或许也是一个没有力量且无法强制执行的方法，但我乐意为之。任何谈判都能从一个多目的的议程中受益。这会让另一方意识到你在从多个角度考虑他们的问题，而且你不只是想要用暴力胁迫他们和你就唯一的观点达成一致。因此，我对我的助手麦克·斯特拉顿(Mike Stratton)说，我们有三项任务：让多个党派在选举前进行沟通，确保针对选举的政治透明，并且坚持得到一项声明，即无论何方赢得选举，都将抗击针对妇女的暴力行为。

在和所有的反对党总统候选人联络过后，我依然没能落实一次与卡比拉的会面。要是他不能保证这些选举活动的公正透明，我们所有的努力就都白费了。因此我等了一阵。接着我与总统选举委员会会长做了接触，以期了解我们如何能够在处理公开透明的问题时携手合作。我还想到了丹尼尔·恩戈伊·穆伦达(Daniel Ngoy Mulunda)，一个矮小的、会说法语的牧师，他是卡比拉的人，或许也能成为我接近总统的捷径。但与他的结盟让我有所顾忌：尽管他是一个牧师，是全知全能的上主的臣民，但他是否关心公开透明这件事?

这就是世事的无奈。

我是对的。他最初的反应并不清晰，尽管试着用不流利的法语和他交流给我带来了些许乐趣(我在塔夫茨大学的辅修课程已经被忘得差不多了),他对我表现得也很耐心,尽可能地说得跟我一样慢。(也许有人还记得,我曾试着在新罕布什尔初选时说了法语,那成了一场灾难,因此这回的交流帮助我建立起了相当的信心。)我们讨论了在这个国家肆虐的暴力,以及我如何跟除了卡比拉之外的每位参选人见了面。而且,你知道的,从某种程度上来说,是我帮他选上的!总该回报一下吧!但我不确定这个笑话用法语说出来是否有效,我也不想显得太过对立。他也许是一个说话慢条斯理、敬畏上帝的矮个子男人,但他有很强的自尊,而我知道他不喜欢被媒体嘲弄。

很强的自尊。好了,你找到某个可以谈判的方向了。

依照我的高级职员麦克·斯特拉顿的建议,我们转换了策略,尝试了在这类情况下几乎一定会成功的方向:我们试图唤起穆伦达的自我价值感。

在谈判中,呼唤对手的自我价值感几乎总是一项有效的策略,即使你面对的是个牧师也一样。但这也不仅仅是单纯的奉承,不是告诉那些人他们身上只有优点。每个人都能那么做。关键在于:那么做之后,你必须挑战那个人,让他或她以为自己就是一个改变游戏规则的人,是一个能够改写历史的人。奉承不总是行不通的,它或许会帮到你。

"穆伦达牧师,"我说,"你是上帝的仆从。你是一个普通人。"这是我的虚招。"但现在,"我说,"你有机会成为一个英雄。"在接下来的五分钟里,我把从别人那里听来的有关他的正面评价都重复了一遍。好吧,也许是三分钟。(我不怎么清楚。)

不出意料,这招似乎打破了沉默。他开始回应我的溢美之词(好吧,很多的溢美之词),对我说他欣赏我在刚果的长期活动,也钦佩我在当地赢得良好舆论的能力。他说因为我多年来为他的国家作出的显而易见的贡献，他会召集所有党派举行一次会面，并对他们宣布，他的选举委员会想要做的是确保这次选举的公平公正。他没有提供更多的细节，但我的第一个目标就要实现了：一段对话正在展开。我可以从那些非政府组织工作人员的微笑里看出他们很高兴——也许还有点惊讶——看到只需对他稍加赞美就能取得这样的进展。

我稍稍推进了点，想知道他还能提供哪些额外的保障。我没离开美国前，选举专家们极力主张我尝试将总统选举和立法选举分开，以期缓解对峙的紧张状态，也让他们选出的代表具有更直接的代表性，而不是把一切都归到一起。但我没立刻向穆伦达提出那个要求，因为他那方提出的最后一个让步早就超出了我们的预期：他咕哝了几句有关允许选举监督的话。这让我的脸上也浮出了笑容，但它已经足够让那些非政府组织工作人员兴奋得昏头了。

就一天而言，足够多的胜利。

最后，他问道："你什么时候离开?"

嗯。我不得不考虑了一会儿我的答案。我打算一直待到这周晚些时候的选举。但我也知道我想要对他施压，尽快让他做出明确的保证，最理想的状态下，在接下来的二十四小时内——在任何性质的谈判中都是至关重要的策略。要是老板允诺给你一间更大的办公室，那在回到你的旧办公室后立刻开始整理东西，让他知道你把他的话当回事。因此，我没直接回答这个问题，而是简单地说道："牧师，我们明天能办好这件事吗?"事实上，刚才那段时间里我考虑的是我能引用哪段关于上帝的经文，意为当下就是行动的时刻，但我一句都没想到。直到今天，我都在好奇他是否注意到我自己编造了一句。

正如上帝在《哥多林前书》里说的："让我们这么做吧!"

是啊，也许他注意到了。

不管怎么说，我对一个神职人员暗示我要比事实上更早地离开，我希望上帝会原谅我。

接着，我礼貌地询问我们能否一起对公众宣布这个消息，尽管我知道牧师会说可以。他不是那种回避摄像机的人。而且，就像《路加福音》里说的，就算是个牧师也不会介意些许正面宣传①。

因此，我们在当地媒体的见证下召开了一次联席会议，宣布了我们已经达成的协议：那就是，谢天谢地，多方党派会首次开始对话，并且感谢选举监督的存在，选举将会在更高度透明的情况下进行。当然，我注意到几名反对党候选人对同一周晚些时候将要举行公平选举的承诺感到失望，因为他们认为卡比拉总会赢的，而他们私底下希望选举会延期举行。

哦，好吧。

尽管如此，大部分候选人都参加了发布会，事情得到了广泛关注，而穆伦达也公开重复了他曾在私下许过的承诺：更多的公开和透明。

然而，我知道还有些工作亟待完成。能让选举委员会会长说出他的保证当然很好，但除非总统卡比拉发声支持真正的选举透明，否则这个想法是不会实现的。为了达到这个目的，总统得要和我见上一面。我们已经尝试通过美国驻刚果大使詹姆斯·恩特威斯尔(James Entwistle)安排一次会面，却无功而返。(倒不是想让詹姆斯感到有多难堪，但我必须指出，他甚至还大声问了："要是你跟他见面了，我能去吗?")

我又多对穆伦达说了些好话。我指着那些正被收拾起来的摄影机说："牧师，我这么做都是为了你。"他大笑起来。而且显然享受着成为媒体的焦点。尽管那天的舆论趋势相当不错，但没人提到理

---

① 这句话同样是理查森编造出来的。——译者

查森赢得了一场大胜。尽管一切都是在一天里发生的——一天！——他们似乎都很清楚卡比拉还没答应，而我到目前为止所能说的就是我已经跟除总统外的每个人都见了面。

“牧师，”我说，“要是这还行不通，我的面子上可过不去。”

他似乎对我有点同情，并说他会帮忙让我见到卡比拉的。

“好的，不错，棒极了，”我说，“但在你要求会面的时候，确保他理解我不是到这儿来让他离开这个国家的。”

“不错的想法，”他表示认同，“因为我们知道你是作为奥巴马的代表到这里来的，而你的总统也会想要——”

“不，”我打断了他，“奥巴马甚至都不一定知道这趟行程。”不谦虚地说，我必须假设奥巴马肯定知晓这一切，但我认为让自己与任何可能暗示某种政权更替的官方政策保持距离是相当重要的。我只是一个低微的前州长，试图确保所有投票都被计入总数。而我需要卡比拉知道这点。

第二天一早，我接到一通电话。我被告知总统愿意见面，更棒的是，他就在距离几小时路程的地方等我。

“开车？”我问道。

“飞机。”这是我得到的答案。我大笑起来。要是说在洛杉矶所有地方都能开车“二十分钟就到”，那在非洲，尤其是和它的领导人们打交道时，你距离所有人都是搭飞机“几小时就到”。

但就像上帝说的，让我们这么做吧！

于是我登上一架小飞机，飞抵一个小村庄，开车进入一个更小的村庄，我们走进一个脏兮兮的帐篷房子，他就在那里：约瑟夫·卡比拉。

他看上去很疲惫，被他的保镖和随从围绕着。但他说——我不记得他的语调是如此女性化——“让我和前州长单独谈谈。”

说实话，他的其中几个随从一直杵在那里，但我很感激这种表态。没费太多周折，他就我提出的要求做了不少让步。具体来说，他愿意在即将到来的大选中允许更多的公正和透明。此外，他立即签署了针对性暴力问题的声明。我甚至要求他承诺参加一个以保护森林为目的的环境会议，他答应了。他真的拿出了日程本，用笔写了下来。坦白说，我开始怀疑他不过是在敷衍我，打我离开的那一刻起，他就会把刚才说过的一切都抛在脑后。

但这是我能得到的一切了，于是我接受了下来。

接着，我问道："你父亲跟你提到过我吗？"

"提过，"他说，"他经常对我说，你总是非常顽固。"

我笑了笑。就在那时，我知道他刚才所说的一切都是完全真的。

那周晚些时候，选举如期举行了。卡比拉获得了百分之四十八的选票，从而赢得了又一个五年任期，比最接近他的对手多得了(或者至少是拿到了)三百万张选票。肯定存在一些作假的行为，不过大多数迹象都表明他总会赢的。

7

乌戈·查韦斯

《你好总统》

我承诺过要告诉你们有关握手的故事。

如你所能想象的，政治是一项需要身体接触的竞技，而如今的我已经握了几十年手了。事实上，2002年9月16日，在我首次参选新墨西哥州州长时，我让西奥多·罗斯福(Theodore Roosevelt)①陷入了难堪的境地。那天，我打破了由这名进步党党员保持的八小时内单次连续握手次数的纪录。罗斯福曾在1908年一次在白宫举行的接见中连续与八千五百一十三名美国人握了手，而我的纪录是在一次州会议上和一万三千三百九十二名新墨西哥人握了手，就此打破了泰迪②的纪录。

别太惊讶，我这么做可不是为了拥有属于我的世界纪录的荣耀。我真心希望和每一个投票人见面，以此和他们建立一种个人的关系(无论这种关系有多短暂)，尽可能让我的第一次州长竞选胜利势不可当。我希望通过尽可能多的选票来赢得选举，而我认为那天的州会议对此至关重要。不管怎么说，你总得承认我的优点——那天已被列举了好多次，作为我所具备的无限耐心和精力的一个范例。

或许我没备足洗手液。

然而，我必须指出一点。尽管罗斯福在忍耐力方面无法与我匹敌，但在过去几十年里，我知道有一位当代政客能够做到。乌戈·查韦斯，自1999年起担任委内瑞拉总统，直到2013年去世为止一直领导着这个南美社会主义国家。只要他下定决心，就能轻易地胜过我。在去世前几个月，这个男人还发表了一次长达九个半小时的演讲，尽管他一直在承受着不断反复的癌症折磨。他那么做违背了医嘱。他的医疗团队建议他不要发言超过三个小时。他声称自己丧失了对时间的判断。我不得不对此产生怀疑，毕竟，那天他停止说话的一刻——在五百七十分钟典型的激情澎湃的演说之后——才是他要真正传递的讯息："我回来了。"

还有一项了不起的纪录，乌戈或许也会同意我的看法：必须向六十二岁的加泰罗尼亚政府工作人员路易·科利特(Louis Colet)和他的声带脱帽致敬，他保持着自己的吉尼斯纪录：曾在2009年连续发表了五天四夜的演讲。(主题？西班牙画家萨尔瓦多·达利③。有人怀疑在五天的演讲结束后，科利特本人也变得像达利其中一幅扭曲的作品。)

演讲并非查韦斯唯一的长处。他还是一个不知疲倦的主持人。在长达十年的时间里，他主持着自己的电视脱口秀《你好总统》，一个马拉松式的周播节目，颂扬委内瑞拉的光荣时刻(以及，少不了的，对美国外交政策缺陷的指责)。与其说是一个电视节目，倒更像是一个长篇电视栏目，通常它会连续播出六个小时。

---

① 美国第二十六任总统。1908年卸任后，西奥多·罗斯福与共和党产生意见分歧，脱党后建立了进步党，以雄麋鹿为标志。——译者

② 罗斯福的昵称。——译者

③ 西班牙超现实主义画家和版画家，以探索潜意识的意象著称。——译者

我？我甚至都没连续看过六个小时电视。

考虑到他用来说话的那些时间，很难想象查韦斯还有剩余的时间或精力来实际管理他的国家。但他确实做到了，强权而且独断专行，以公认的雄心和自创的政治理念(巧得很，它被称作“查韦斯主义”)领导着委内瑞拉。为了践行查韦斯主义的信条——本质上就是他自己选定的社会主义模式——在任期内，他从一个极富个人魅力的、奉行美国经济政策的领导人转变成了一个更具个人魅力的、与美国和美国人彻底对立的领导者。举例来说，痛骂康多莉扎·赖斯(Condoleezza Rice)①似乎给他带来了特别的乐趣，尤为著名的是他曾在联合国大会的一次发言中称乔治·W·布什总统是“魔鬼”，说后者在前一天的讲台上留下了一股邪恶的臭味。“魔鬼昨天来过这里，”他说，“今天闻着还有硫磺的味道。”② 接着，他画了个十字，紧握双手做出祈祷的样子，还抬头望向天空，仿佛要向上帝呼唤。“昨天，”他继续道，“从这个讲坛上，美国总统，那名我称之为‘魔鬼’的绅士，来过这里，说得好像他拥有全世界似的。”

那是查韦斯一段相对较短的演讲。当然，说出那样令人印象深刻的话来，你不必说上太久也能让人记住。

相当自然地，查韦斯的另一段评论我也铭记在心：除了一贯鼓噪的反美主义，他还说过，只有一个美国政客是他真正能够与之交流的——一个叫比尔·理查森的家伙。(随着那句间接传来的恭维之辞，他成了又一个用赞美把我推入深渊的领导者。后来，在我竞选总统期间，我常常被问到一个尴尬的问题：“你是查韦斯最喜欢的美国政客？”)但查韦斯似乎是认真的。在我担任州长的第一个任

① 美国女性政治家，美国国务院第六十六任国务卿，也是美国历史上就任此职的第一位女性非裔国务卿。——译者

② 《圣经》中描述地狱为炽热而火红的地方，熔岩为河，硫磺为山，故认为恶魔身上带有硫磺的味道。——译者

期内，他的外交团队总在试图说服我到委内瑞拉去拜访，谈谈某个具体我也说不上来的外交政策问题。

冷静下来，我确实认为和查韦斯的交往是重要的，就算很少有政治家会同意我的观点。我是这样对《纽约客》的李·安德森(Lee Anderson)说的："我担心的是，由于我们孤立查韦斯的政策，我们也许在拉丁美洲造成了一片真空地带……孤立他对我们并无益处。"我是当真这么认为的。我还说："我不确定我们把查韦斯定性成一个恐怖主义的国家支持者是否明智之举……(考虑到)我们的能源需求。"

我只是说出了真实的想法。

我以前就见过他。在1999年，当时查韦斯刚当选总统，但尚未就职，而我是克林顿政府的能源部长。查韦斯访问了华盛顿，我被派去和他见面——派西班牙裔去和西班牙人谈谈，当时是这么想的。我给他带去了一只罗林斯(Rawlings)[①]棒球手套，作为祝贺当选的礼物，还特意选了一只给左撇子投手的手套，因为我知道他是一个惯用左手的人。(是的，一个左撇子[②]，在不止一个方面。)那是一次愉快的会面，当我们道别时，我对他说我们会在他加拉加斯举行的就职典礼上再见的。他问我："克林顿或戈尔不会来吗?"我对他说只有我的时候，他稍稍表现出了一点不悦。他想要一个有影响力的人，我只是一个会给他棒球手套的内阁成员。我选择不去注意他对我的冒犯。就职典礼是在加拉加斯的一座城堡里举行的(在那里菲德尔和我互相点头致意)，是一场相当盛大的仪式。

2007年，我开始了自己作为州长的第二个任期，我变得有点

① 棒球手套知名品牌。——译者

② 原文为 leftie，不只有左撇子的意思，还可以解释为左翼分子。——译者

静不下来，有点沉溺于外交政策和随之而来的跨国旅行。我有阵子没历险了，除了跟沃尔夫·布利策一起去了一趟朝鲜。我感到自己染上了某种外交漫游症。我有种预感，要是查韦斯再打给我一次，叫我去访问，我也许会直接跳上一架飞往加拉加斯的航班。

还真被我说中了。2008 年，我接到了球，就像他们在比赛时会说的。尽管这次的理由根本不像到城堡里参加派对那样欢快。2003 年，三名与诺斯罗普·格鲁曼公司①签订了合同的美国人遭到激进组织“哥伦比亚革命武装力量”(又称“法克”)的绑架，在执行一项反毒品行动时，他们的飞机坠落在一片受反叛军控制的丛林地区。“法克”声称可以释放这些人——还有其他人，包括被他们囚禁的另一名高调的法籍哥伦比亚人英格丽·贝当古(Ingrid Betancourt)②——前提是哥伦比亚政府必须释放他们自己组织被监禁的其他成员。五年后，三个美国人的家人问我是否能到委内瑞拉和查韦斯见面，看看他是否能帮助释放他们。我不知道查韦斯这次会否愿意合作，但我说我愿意一试。

行前一个月，我前往波哥大，与哥伦比亚总统阿尔瓦罗·乌里韦(Alvaro Uribe)会面。尽管我认为自己在这件事上对他发动了突然袭击，但真相是查韦斯在围绕这些人进行的外交谜团中扮演着一个关键角色。事实上，“法克”的游击队员在那年早些时候曾单方面向查韦斯释放了六名人质。因此，那些显然一直在密切关注此事的家人提出与委内瑞拉总统见面的建议是正确的。

---

① 诺斯罗普·格鲁曼(Northrop Grumman)是全球防务领域排行第三位的公司，也是最大的雷达与军舰制造商。——译者

② 英格丽·贝当古在涉足政治前和丈夫一起生活在法国，后为改善哥伦比亚糟糕的情况回到祖国。她最先加入了自由党，后来又成立了自己的党派，命名为“有氧党”。带着个人的信仰和充足的经历，她曝光政府腐败行为并呼吁和平到来。然而在 2002 年的一次行动中，她及一位总统候选人遭到“法克”的绑架。——译者

尽管如此，在我抵达的那天，查韦斯的表现并不容乐观。我的航班一降落，他就向当地媒体宣称他不确定自己能否帮得上忙。“我不能到哥伦比亚丛林去解救那些人。”他说。坦白说，我猜他要是决意去做那件事，他是能办成的，但我理解传达出来的讯息：你可能不会得到你想要的。

但他也加了一句，他“很高兴”迎接我的到来，而且他希望“有朝一日，我们能与美国当局在相互尊重的情况下进行对话，就像两个处于同等地位的国家那样”。这对我来说已经释放出了足够正面的信号，因为这与我至高无上的、支配一切的、全球通用的谈判法则不谋而合：谈话总是更好的方式。

在抵达前我做足了准备，因为我总是想要尝试，无论风险会有多高。我已经想好了至少是某些在和查韦斯见面后要说的内容，以确保争取他的帮助的最佳机会。我预先打好的腹稿里为我们可能(有希望)达成一致的问题预留了位置，同时也准备好提醒他此前他已经做过完全一样的事——从“法克”那里解救人质——不单是在过去，最近也有过，因此没有借口不给予帮助。不能“弃踢”[1]。我不会接受否定的答案。

允许我花点时间来强调此类准备工作的必要性。尽快预先设定你的外交语言，并且有较强的应变能力，知道在主角登台献唱、演出往精彩或糟糕的方向发展时你在剧场外该说的话和该做的事，这往往是个好主意。通常在外面的摄影机转向你，询问你对事情发展走向的意见时，只会留给你很少时间准备自己的演出。

为了让你了解谈判中的准备事宜有多重要，我和我的顾问们商量着写下了这段话。记住，甚至在我还没和查韦斯见面之前，下面

① 橄榄球术语。在攻防转换中可为己方球队留出足够时间防守并组织对方继续进攻的战术。——译者

这段话就已经起草完毕了。

今天，查韦斯总统和我有幸在此重聚，就《哥伦比亚人权协议》进行探讨。

就我们所能记得的，“法克”在今年早些时候已经向查韦斯总统释放了六名哥伦比亚人质。

让家庭团聚的原则是一项我们都能达成一致的原则。

就此，查韦斯总统和我就以下几点达成共识。

1.

2.

3.

我相信这些行动会成为重要的第一步——微不足道的，却是至关重要的第一步——让所有的人质——美国的、法国的，以及哥伦比亚的——尽快安全地与他们的家人重聚。

我的观点是：预先做好准备——一旦你取得了胜利，你要如何把它们列举出来，直截了当——确保自己能够清楚地、热情地描述这项协议的重要性。你可以一直修改自己的发言，但绝不会希望处于哑口无言的境地。

* * *

查韦斯和我本该在“观花宫”，即总统府见面。我准时到场了，查韦斯几小时后才姗姗来迟。我渐渐恼火起来，但后来发现他是直接从一场棒球比赛上赶来的，他在比赛中担任投手。他还穿着防滑鞋和他的彪马运动服。我怎么能对这幅景象生气呢？

耐人寻味的是，和查韦斯一起来的除了一个令人惊艳的海军副官——就我所知，她是他的女球童——还有他的驻美国大使。

我们坐了下来，开始用西班牙语舒服地交谈。我用另一个与棒球有关的友好赠品来开场，以延续那个始于他的就职典礼的主题。(再说一遍，一件思虑周详的礼物永远不是个坏主意。)这次我给了乌戈一只由米奇·曼托(Mickey Mantle)、威利·梅斯(Willie Mays)和杜克·施耐德(Duke Snider)[①]签名的棒球。查韦斯似乎被这个举动打动了，它点亮了他的一段记忆：他对我说，几年前他曾用我给他的那只手套在古巴打了一场友谊赛。我很高兴听到他这么说，至少那只手套没被他忘在衣柜里。他把那只棒球捧在手里，仔细查看了那些签名，评价道："每个人都知道曼托比施耐德强。"这些领导人——从查韦斯和卡斯特罗开始——不仅懂棒球，而且想让我知道他们懂棒球，每到这时我总会忍俊不禁。

说到优秀的进攻，在我们的谈话开始不久，查韦斯最重要的意见和他在投球区的技巧毫无干系。这是基于他此前与其他国家领导人在外交领域的一些挫败的尝试。他的不少对手都曾恶语相向，用谩骂互相恐吓。查韦斯对我们有个不一样的计划。"我们可以谈谈，理查森，"他说，"我们不需要互相攻击。"

我全身心地表示同意。

我们可以谈谈，我们也应该谈谈。就像他是在对我重复我的座右铭。

我们的谈判循着我和其他国家领导人——尤其是拉丁美洲的这些领导人——经历过的模式进行着。在触及手头的问题前——这回是从敌方解救三个美国人——大多数人都想先谈谈自己国家在美国外交政策方面受到的对待。当他们在自己的国家见到一名美国代表时——无论是官方派遣的，或是像我这样私人前来的，他们都把这看作一个难得的能够直接表达自己想法的机会。握个手，吃顿饭，宣泄一通自己的委屈。那没问题——我的谈判策略是，可以让他们

---

① 以上三位均为知名棒球运动员。——译者

发泄，只要不太过分就行。尽管我确实得承认，在查韦斯开口的时候，我知道自己有可能得听他说上九个小时。谢天谢地，他把自己的抱怨归纳得相当简单：他厌倦了被布什政府的成员妖魔化，尽管他们就快要下台了。他还说他注意到我公开支持了那时还是参议员的奥巴马候选人，补充道："我们希望得到来自美国更好的待遇。"

我有种感觉，他相信自己要是能和奥巴马——而不是共和党候选人约翰·麦凯恩(John McCain)——这样的人建立起一段新的关系，就能获得更好的机会，因为奥巴马此前曾说过他愿意和那些甚至与美国敌对国家的领导人会面——具体点来说，就是伊朗的马哈茂德·艾哈迈迪-内贾德（Mahmoud Ahmadinejad)、古巴的卡斯特罗，还有，是的，委内瑞拉的查韦斯——而且是"不带偏见地"。

奥巴马相信——这会儿你也知道了，我完全同意——要是我们能对话，情况就会好得多。要是你不能对话，你也就没法谈判。奥巴马在向全球那些抱有敌意的政权发表讲话时常说："要是你们松开拳头，我们就会伸出一只手。"作为一个保持着全世界握手纪录的人，我显然赞同这句话。

于是查韦斯和我开始谈话。

坦白说，事情开始得并不那么顺利。当我问他能否帮忙跟"法克"谈判时，他给出的回答完全在我意料之外："我不认识'法克'。"

我不得不压下自己的笑声。多年来，查韦斯都被指责向反叛组织提供武器，无论真假(我猜是真的)，从他的立场来看，坚持他"不认识'法克'"——"谁是'法克'?"——是个愚蠢的说法。再怎么说，他总该记得几个月前"法克"把六名人质放还给他的事情。类似那样的事情你是不会忘的。

我多少忽略了他的推搪，接着往前推进。

"总统先生，我这次来见你，有三个简单的要求。"

“让我们看看有多简单。”他说。

“没问题。”我说。

“总统先生，我对你有三个要求。首先，尽管我并非作为美国政府的代表前来，你却把我当成一个可以帮助我们解决这个难题的人正式接待了我。我想要成为这次情况的主要调解人。”

这个要求看似简单，却是重要的一步。在这次谈判中，他必须明确地把我放在与他对等的位置上，尽管从各方面情况来看，事实本就是如此。毕竟，我是在直接与委内瑞拉的总统对话，因此这暗示着一种确定的相当的地位。任何谈判——无论大小，在尽可能的情况下，都应该发生在对等的两方之间，双方都有同等的权力说“是”或“否”。我需要他公开授予我这种权力，当着我们的工作人员的面。这类事情不能蒙混过去，必须被明确地表达出来。

假设你是在跟大佬见面——也许不是一个国家，而是你的公司的。就算他或她是你的老板，而且通常在办公室里有比你更大的权力，在任何单独的谈判中——比如说，为了升职——你们双方对这个摆在台面上的问题都有同等接受或拒绝的权力。他或她不能让你接受他们提出的条件。他们有权提出一个可供你接受的条件，而你也有同样的权力决定是否要接受。记住这点是至关重要的。

为什么？假设你处在更高的位置上——也就是假设另一方被定义成地位低于你的人——总会导致糟糕的结果。或许不是今天，但距离那天也不会太久。假设你女儿要求在周五晚上出去，问你借一下车。要说“不行，因为我是老大，我说了算”很容易。但她会尊重你多久呢？要是她没感觉到你是把她当成一个独立的人来给予尊重——一个有着自由意志，而且有着一张合法的、辛苦得来的驾照的人，这次你也许得到了自己想要的结果，但你也很可能搞砸了将来所有的谈判。下次，既然她知道你是一个单方面考虑问题的独裁者(尽管她或许会用别的形容词)，也许就会趁你没注意的时候直接拿走钥匙。

不管怎么说，查韦斯同意了，我说了下去。

“第二，我想请你亲自参与到这件事里来，帮忙解救这些人质，把他们归还到美国的监管之下。”

就这个要求，他没有给出回应。这是我们唯一的把那些人质救回来的机会，因此我之前一直希望他能很快表示同意。但他始终一言不发。

我别无选择，只好继续往下说。我的第三个请求，同样在我到这里来的路上计划好的，仅仅是想让他承认整个美国政府——而不只是这个坐在他对面的孤身一人的州长——同样想请他参与到这件事里来。但在这一点上，我们沉默地坐在那里，得不到他同意参与进来的保证，我的第三个要求似乎没有足够的说服力。

因此我即兴发挥了一番。

“最后，”我说，不确定这个想法是打哪儿冒出来的，“最后，总统先生，我想请你帮我与‘法克’取得联系。”

我说得很有礼貌。我尊重他的权威。我没有指责或非难。

但我说的每个字都并非出于真心。

给你的经验：当你没有筹码时，造几个出来！只要你愿意去做自己说的事情——我并不想去拜访“法克”，但要是查韦斯指点我去，我会去的——在过程中引入一个新的方案是可行的。

查韦斯看着他的顾问们，接着又把目光转回到我身上。

“理查森先生。”

我不确定他接下来会说什么。

“你想见‘法克’？”他问道。

“要是必须那样的话。”我说。我并不真的想见“法克”，但我想让他以为我想见“法克”。起码让他知道我愿意做些大胆的、鲁莽的事情，因为让那些人质得到释放对我非常重要。“我需要看到那些人质被释放。所以要不你帮我把他们弄出来，要不就让我来干。”

查韦斯笑了起来。

“尽管，”我继续道，“我不确定我能给他们什么作为回报。一只棒球？”

查韦斯笑得更厉害了。

“或许我们可以就在丛林里打场比赛。把那些树都清理掉，拿一颗钻石下注。”

这下连我的随行人员都笑了起来。

“理查森先生！理解我，拜托，”他说，“我不建议你到丛林里去。你会有危险。”

相信我，我知道。那就是为什么我想让你去。

“你知道的，‘法克’不在营地里、帐篷里或大楼里会面，”他说，“他们在山洞里安排会面。他们的周围总是危机四伏。要是他们打开收音机，三十分钟内炸弹就跟着来了。我告诉你这点，是因为你要求的事情太难办了。”

你不需要告诉我这点。

随后，查韦斯看了看他的顾问们，几乎不能察觉地点了点头，接着又把注意力转回到我身上。在沉默了几分钟后，他开口了。

“我们需要点时间。”他说。

干什么的时间？

“我会给‘法克’捎个话。透过别人。”

我就是在等这句话。

“感谢，总统先生。”我说。

“我会捎个话，让我们看看它能否到达那头。”他加了一句。

“感谢，总统先生。”我又说了一遍。

“你看，”他说，对我说了实话，“我不赞同扣押平民。把人像猪一样关在牢房里？那不人道。在监狱里的人也应该得到药物。士兵是战争的囚犯。可是平民呢？这不应该。”

“我同意，总统先生。”

“可是，理查森先生？”

“是的？”

“这些平民，他们是中央情报局的人吗？”

我也说了实话。“我不这么认为，总统先生。我和他们的家人见过面。其中一个人的祖母是哥伦比亚人。”

这似乎打动了查韦斯。

“好吧，好吧，”他说，“我会帮你的。”

我们以为这次会面即将结束的时候，查韦斯又对我说了句话。

“比尔，”他说，“我得告诉你件事。我想让你知道点事。”

“什么？”

“我有个秘密的计划，我从没告诉过任何人。你能保密吗？”

“我能保住你的秘密。”我对他说。

他靠近了点，但他的声音大得足够让每个人都听见。显然这是一个他想让所有人都知道的秘密。

“这是我的秘密，”他说，“我要把洋基队买下来！”他说着爆发出一阵大笑。

其他人都笑了起来。

“棒极了，”我说，“但首先帮我把这些人质弄出来。”

他点了点头。他的样子像是愿意帮我。

随后，理所当然地，我们就此握了握手。

离开总统府后，我被一大群记者包围了。我很高兴与他们分享这个消息。“查韦斯总统同意尝试提供帮助，”我说，“他对我说：‘我会帮你的。’”后来，在我回到新墨西哥州很久以后，有委内瑞拉官员告诉我，查韦斯确实试着帮了忙。只是我依然不确定他在这件事上是否起了作用。我所知的确定的事实是，那三名人质最终被哥伦比亚军方救了出来，回到了他们的妻子和家人身边。

* * *

想到查韦斯所拥有的精力和活力，很难想象有天他会离开这个世界。有段时间，就算媒体在2013年3月5日报道了他的死讯之后，还有些委内瑞拉人真挚地相信他并没有离开。但就在那天，在和癌症抗争了很长一段时间，在古巴做了最后一次治疗的尝试之后，消息传了出来：查韦斯过世了。

总统先生过世了。

一个月后，我接到了美洲国家组织(OAS)[①]秘书长何塞·米格尔·因苏尔萨(Jose Miguel Insulza)打来的电话。

“我想请你去一趟委内瑞拉。”他对我说。

“为什么?”我问他。毕竟，我对自己说，我已经不能再跟查韦斯谈判了。

因苏尔萨解释说，要是不能有人在整个过程中确保选举查韦斯继任者的竞选活动是合法的，这次选举可能会搞砸。这次激烈且还在不断加剧的竞争双方是两名广受支持的委内瑞拉政治家：曾经的公共汽车司机尼古拉斯·马杜罗·莫罗斯(Nicolas Maduro Moros)，查韦斯的外交部长、得力助手，也是他钦点的继任人；另一方是保守派的恩里克·卡普里莱斯·拉东斯基(Henrique Capriles Radonski)，富有魅力却好战的米兰达州[②]州长，也是巴鲁塔市的前市长，

① 美洲独立国家的区域性国际组织，成立于1890年，1948年更名为“美洲国家组织”，其宗旨是加强美洲大陆的和平安全，确保和平解决争端，促进各国合作和拉美一体化。——译者

② 委内瑞拉北部的一个州，位于联邦区东南，东北临加勒比海。——译者

曾因在古巴大使馆外抗议查韦斯被判入狱四个月——在他以百分之八十的选票当选市长之前。

无可否认的是，这场选举的火药味正在变浓，而且，坦白说，变得有点奇怪。就算马杜罗曾被查韦斯在公开场合直接选为自己的继任人，他似乎也太过执着于强调这点了，到了让人觉得怪异的程度，即使是面对那些无需说服的支持者们。在集会上，他几乎每句话里都要提到查韦斯。尽管任何一个处在他这个位置上的候选人或许都会这样表现，但他做得更过头。他在一个电视节目上坚称，在查韦斯死后，这名委内瑞拉前总统化身为一只小鸟朝他飞来，宣称他会胜出——查韦斯在社交网络上表示支持的鬼魂版本，我猜差不多是这样。在集会上，马杜罗会向公众介绍一个矮小的男人，诡异的是，他把后者描述成前最高指挥官的现世存在。并且——这是我最偏爱的部分——马杜罗坚称，要是有人胆敢为卡普里莱斯投票，一个古老的部落诅咒就会降临到他们头上。就算是那些无需面临诅咒威胁的人也不得不忍受马杜罗喋喋不休地——是的，喋喋不休——谈论查韦斯的灵魂在聚集起来的人群中盘桓着。

出于这样那样的理由——包括那些更为紧要的，比如政治透明的需求、选举腐败的担忧以及选举前后可能产生的暴力威胁——因苏尔萨表现出确凿的忧虑。“我们想要你去盯着点选举，”他对我说，“作为我们的代表。”

多亏我与查韦斯的交往，我对这个国家的未来已经形成了一种既有的兴趣，我欣然接受了。因此，我又一次飞往加拉加斯，这次同行的是美洲国家组织的主管。

我没想过会需要通过谈判才能让自己和两方候选人进行会晤——对双方而言都有很高的风险——但在我抵达的时候，似乎只有马杜罗愿意会面。我们抵达总统府的时候，马杜罗已经在那里了。我们像朋友一样互致了问候。四年前，在为那些被“法克”绑架的人质的释放问题谈判时，我们共同度过了一段重要的时间。选举活动显然打断了他的锻炼日程，他已经胖了好几磅。

很快，七名来自其他国家的外交官加入了我们——巴拿马、多米尼加共和国和乌拉圭的代表；一名墨西哥前议员；还有来自其他拉丁美洲国家的官员。在马杜罗表明他聚集起这么多人的目的之后，几乎没有什么开玩笑的余地了——他想要证明，自己作为这场竞争中的领跑者，是“查韦斯的鬼魂”。他做了在这种情况下他唯一能做的事：突然开始了一场演说。感谢老天，这天他宽宏大量地只说了四十五分钟。或许他准备把九小时的演讲留到当选之后。他许诺自己作为总统将会追随查韦斯的意志，继续完成他在委内瑞拉建立一片没有束缚的查韦斯主义天堂的梦想。有趣的是，他命令——不是要求，而是命令——在场的所有媒体全文引用他的演讲。

他演说中的一个特别的细节引起了我的警觉。他坚称美国是查韦斯之死的同谋。具体点的说法，是美国毒害了他。

在描述了一通只能被看作一次可笑的阴谋的细节后，他问我们有没有任何问题。

是啊，我有，我自忖道，你到底是从哪来的这种想法？

不管怎么说，这是我想问的问题。但我举手提出了另一个问题。

“外交部长先生，”我问道，“要是你当选了，你会如何对待美洲国家组织和美国？”

我是作为美洲国家组织而非美国的代表出现在这里的。可是，说句实话，我的想法是，管它呢。他在指控美国杀了他的前任。提起美国也许会得到一个有趣的回答。我以为会有一个泛泛的答案——外交式的、含糊的——但他的回答明确得让人吃惊。而且，很显然，是个人化的回答。

“哦，理查森州长。如你所知，你一直是委内瑞拉的朋友。但不是美国。只是你。你是我们的朋友。”

哦，棒极了。一个强权效仿者在告诉我，我对他有多好。

“你总是用尊重的态度对待委内瑞拉。”他说。

接下来他要说什么我已经想到了：“可是，另一方面，美国……”

但恰恰相反，他吓了我一跳。

“我想要的不过是美国能以同样的态度对待我们，”他说，“我想要使我们和美国的邦交正常化。我看不出有什么理由不这样做。”

你是说你认为我们杀了你的上司和导师这件事对你不会产生影响?

“至于美洲国家组织，”他继续道，“告诉秘书长我们会一切如旧。我们还会是成员国之一，要是他能向我们保证他会竭尽全力改良这个组织，好让我们觉得自己是这个组织里一个享有平等待遇的伙伴。”

我必须承认我被震住了。在我不怎么认真地听着其他代表提出的一系列不痛不痒的问题时，我考虑着他对我的问题给出的合理的回答，然后对自己说，好吧，至少现在我们有点结果了。

要是他的对手卡普里莱斯也这么乐意对话就好了。

会议逐渐接近尾声的时候，马杜罗的其中一名副手对我说他想和我私下谈谈。我等着被告知我们将要退入哪个房间，但副手只是催促我往前。“绕着桌子过去就行了。”他说。

我以为你说的是私下谈谈。

于是我绕着桌子走到马杜罗那边，俯过身去。

“理查森州长，”马杜罗低语道。

“怎么?”我问。

“你一直是最高指挥官的好朋友”——他指的是他已经过世的上司，乌戈·查韦斯。“事实上，每次你来拜访他，你总会给他一份礼物。”

啊哦。这家伙也许在想为什么我没给他也带份礼物来。而我确实没有。我的错。

“你给了他一只米奇·曼托签名的棒球。”

就是现在了，我想，他要问我要一只棒球了，可我是空手来的。

但事实并非如此，马杜罗的脸色沉了下来，他看上去既不安又愧疚。

“理查森州长，”他说，“我必须告诉你：我们找不到它了。”

感谢老天。我还以为自己犯了错。我笑了起来，并立刻向马杜罗保证这完全不是问题。此外，要是他想再要一个，我说我保证还能帮他弄一个来。

接着，他又回到正事上来。“我说的话都是当真的，”他说，“我想要你向美国传递一条讯息，我想要让我们的关系正常化，并且尽快互派大使。”

我不知道自己能否想办法让米奇·曼托的鬼魂来帮我搞定这件事。

他继续道：“我想要你明天跟我们的外交部长见见面。埃利亚斯·豪阿·米拉诺（Elías Jaua Milano），我会让他知道你要过去。”坦白说，我认为，严格来说，马杜罗的表现就像个总统，显然他谋求的是永久性的胜利。

在我离开那个场合后，我向我们在委内瑞拉的最高级别国务院官员汇报了马杜罗说的一切，后者对我说他会把消息传回华盛顿去。接着，我着手准备我为此而来的另一件事：与恩里克·卡普里莱斯见上一面。

* * *

随着选举的临近，卡普里莱斯除了表现得十分强硬之外，事实证明他十分不愿意跟任何人见面，更不用说一个想要确保公平选举的美洲国家组织代表。或许在他看来，必须把全副精力都投入到竞选中去。又或者他以为每个不在他势力控制范围之内的人都背叛了他。无论出于什么原因，他都成了一个不可触碰也无法企及的人。

于是，我们只能安排了一次与他的两个高级竞选助理的会面。然而，我并没有试图就他们参选环境的自由和公平性进行谈判，而是对他们说，让他们的候选人和我们保持距离是一个明显的错误，尤其当他就在咫尺之遥的地方时。

“这不是一次地方选举，”我对他们说，“我不知道你们意识到了多少，但全世界都在看着呢。这是一次全球性的选举，国际社会都会来评判你们——无论输赢。”

他们似乎没能看出事情的关联。

“你们看，要是你们的候选人赢了，但你们没让他跟我接触过——或跟任何人，就这件事而言——总会有人质疑他是否赢得货真价实。至少把我引见给他，这对你们最好。”

他们坐在那儿，一言不发。

“好了，我要说的都说完了。”我说。

我放弃了，站起身，离开了。有时在谈判中你能走的最好的一步就是把你带出那个房间的一步。我不知道我是否有可能见到卡普里莱斯，更别提帮助美洲国家组织对他加以约束了，不管他是获胜还是失败。但我已经做了所有我能做到的努力，试图和他见一面。现在轮到他来选择了。

已经没有什么可以损失——或者，实话实说，也没什么可做的了。选举那天的早晨，我穿梭在加拉加斯的各个投票点间，试图感受一下事情在往哪个方面发展。坦白说，那天大部分时间里给我留下的印象是领先的马杜罗只得到了很少的支持。风向似乎在往卡普里莱斯那边倾斜。就马杜罗这一方而言，倒不是特别紧张。要是我必须猜测结果，我会说卡普里莱斯正在通往胜利——因此他更有理由与任何能为他的胜利正名的人见面。

中午时分，我和外交部长埃利亚斯·豪阿见了面。他穿着健身服，尽管健身效果似乎不怎么明显。（我经常自问我是否也该采用那种形象：人们总以为你是从健身房过来的，即使你刚去吃了一顿自助餐。没什么坏处，对吧？）就像他的上司指示的一样，豪阿继续着我和马杜罗开了个头的对话。他要交涉的观点很清楚：要是美国愿意让委内瑞拉—美国的邦交正常化，委内瑞拉会放开限制，卖给美国更多石油；委内瑞拉会在毒品控制方面提供更多的合作；还有委内瑞拉和美国应该互派大使（“你们任命一个，我们也会任命一个”）。

我花了点时间来消化在过去仅仅二十四小时里发生的事情。我激动不已。起初这趟旅程只是为了确保一次合法的选举，现在它已经演化成了一次毋庸置疑的外交任务。通常类似这样的旅程都会分崩离析，很少有机会变得这么事关重大。

就在我为事态发展的走向感到沾沾自喜之前，我接到了美洲国家组织联络人的一个电话。

“他会见你的。”

谁？我几乎给忘了。

“卡普里莱斯。他会见你的。”

我不得不这么想，他同样嗅到了胜利的气息。

到了下午三点左右，投票站会关闭几个小时，于是我们匆忙赶去一个投票点跟卡普里莱斯见面，那里挤满了候选人的拥趸。他的人。场面有点混乱。大喊大叫的支持者们。轰鸣的喇叭。

他们先带我去见了卡普里莱斯的家人，他们细心地为我和我的随行者们送上了“阿帕斯”，委内瑞拉传统三明治，用各式肉类、味道很重的奶酪和黑豆做成的。通常我不会轻易为这些举动动摇，但我必须承认它们很美味。我们享用着食物，饶有兴致地看着在身边上演的疯狂行为，尽管我们还是急着想要见到候选者本人。根据我的判断，卡普里莱斯还没来。最后我终于忍不住询问了他的下落。

“哦，他在这里，”他的兄弟告诉我们，“他只是在等你们吃完三明治。”

什么？我飞到这儿来是为了见他，不是为了吃三明治！（虽然，再说一次，好吃得让人糟心的三明治。）我夸张地用我的餐巾抹了抹嘴，向卡普里莱斯的兄弟清楚地表明接下来该做的事。是见面的时候了。

终于，卡普里莱斯来了。而且——或许只是为了不要吓到我　　他也穿着健身服。（美国政客们在选举日都穿上西装、打好领带，或许他们流的汗还不够多吧！）更让人吃惊的是，尽管周围是汹涌的支持者的浪潮，还有轰鸣的喇叭和乐观的民调，卡普里莱斯并未表现出我以为他会有的信心。

“我很焦虑。”他对我说。

“你不认为你能赢?”我问他，“我觉得你会赢的。”

“不，我不会赢的，”他对我说。“有太多舞弊行为。现在学生要来投票了。现在是下午了，他们要来投票了。他们会作弊的，”他说，“他们会给马杜罗投票的，因为我是一个保守派。就因为我是一个保守派，他们会作弊来反对我。”

我们就委内瑞拉的投票安全以及委内瑞拉学生普遍的投票倾向的细节讨论了一个小时。卡普里莱斯并不乐观。我提醒他跟类似美洲国家组织这样的团体保持联系是很重要的，因为要是他赢了——我又对他重复了一遍，我认为这是有可能的——他的胜利就需要被看作是合法化的。为了他自己，也为了他的国家。

最后，我向他道别，我拜托委内瑞拉政府接待人员把我带去他们正在统计选举结果的地方。投票结束了，只不过——跟我们来时期待过的美国有线电视新闻网般令人窒息的报道不同——他们还没有宣布结果。晚上八点。九点。还是没有结果。每个人都只是坐在那里，准备着庆祝或表示遗憾。但是没有消息。十点。十一点。

最后，到了大约午夜的时候，选举委员会的主席出现在全国的电视屏幕上。不过这次特殊的电视节目并未持续六个小时，像查韦斯的《你好总统》经常会做的那样。相反，主席发表了一通简短的声明。

尼古拉斯·马杜罗赢得了选举，以不到百分之一的优势获胜。

黑夜步入了白天，卡普里莱斯坚称选举中有猫腻。

作为回击，马杜罗上了电视，宣布自己是查韦斯的接班人。

你知道的，他们都有可能是对的。

8

俄 罗 斯

权力的失衡

打字机？

他们是在开玩笑吗？

对任何在冷战期间或之后出生的人——或任何曾经听说过冷战的人来说，这件事都几乎难以置信。俄罗斯，全球历史上实力最超群的超级大国之一，其在全球进行高风险间谍活动的名声人尽皆知。但它却在军备中使用了全世界最低级别的科技通讯设备：打字机。而且还不是在很久很久以前。这是在 2013 年。7 月 11 日《今日美国》的头条清楚地解释了他们这么做的原因：

受美国威胁，俄罗斯回到纸质文件时代

走开，洲际弹道导弹。你好，IBM 电动打字机。

根据俄罗斯联邦保卫局里的一个情报来源所说（此人倾向于保持匿名——或许是害怕遭到迫害），俄罗斯的这种回到过去的行为背后有好几个原因。“在经历了维基解密散布的秘密文件造成的丑闻、爱德华·斯诺登（Edward Snowden）的爆料、德米特里·梅德韦杰夫（Dmitry Medvedev）在伦敦参加 G20 峰会期间遭窃听的报告这一系列事件后，创建纸质文件的行为将会增加。”这一行为不仅会，而且确实增加了。到了仲夏，“俄罗斯母亲”[①] 已经订购了二十台崭新的电动打字机。

掩体和匕首被黑色的色带和输纸器取代了。

换句话说：并非大规模杀伤性武器。

开个玩笑。不过，公平来说，俄罗斯人有理由保持高度警惕。由于一系列令人尴尬的、美国顶级情报收集部门国家安全局秘密行动的泄漏事件，他们已经见证了机密很难再被持续保密的过程。毕竟，当时他们主动让国安局揭发人/泄密者斯诺登藏身在隶属于俄罗斯领土的谢列梅捷沃机场里——之后又为他提供了临时避难所。随着每一个秘密被揭发，美国发送给莫斯科、全世界，以及——让很多人感到不安——它自己公民的讯息都变得极其清楚：我们知道你们想干什么。

这让很多人都感到震惊。不过说句实话，这些对我而言算不了什么。作为驻联合国大使，以及后来的克林顿政府能源部长，顶级机密、忠诚度调查、高风险间谍活动和国家安全局的日常运作构成了我工作的很大一部分内容。所有这些经验都帮助我在一次危急的谈判中选择了方向。有些人甚至会说监控到了令人震惊的地步，但在你阅读以下这章内容的时候，我会把一切都留给你去判断。

我要在这里谈论的是一件叫做“信息不对称”的事情。或者，说得清楚点，就是你有，但你的谈判对手没有，而且他们不知道你有的信息。这会影响谈判的结果。信息不对称棘手的部分在于你如何获得这些信息，以及你个人对于自己是否应该使用这些信息作何想法。因为，你知道，在和桌子另一头的那个人对话过程中的某个节点，你也许会自问：“我应该这么做吗？”

---

① 俄罗斯的别称。类似“山姆大叔”是美国的别称。——译者

对于这个问题，我很容易就为自己给出了答案，你会看到的。或许对你也会同样容易。

但是，同样的，它也可能不那么容易。

* * *

“我需要你，比利。”

那是克林顿总统的声音，那是一种熟悉的情绪。他正在经历自己总统任期内很多难关中的一个——那是 1998 年，莫妮卡·莱温斯基的丑闻正在不断膨胀——但这次他恳求的可不仅仅是我的支持。他需要的不只是一个同情的聆听者，而是更多的要求：他想要我离开我深爱的美国驻联合国大使的位置。

“为什么?”我问。

“佩纳要离开我。”他说，指的是范德里克·佩纳（Federico Pena），后者将要宣布辞去仅接手了一年的职务——能源部部长。“所以我需要你，比利。”

“你需要我做什么，确切点说?”我问道，尽管我已经能猜到问题的答案了。

“我需要我的内阁里有个西班牙裔的人。”他说。

说的没错，他确实需要。比尔·克林顿竞选总统时曾承诺要组建一个“看起来像美国一样”的内阁，而且坦白说，他手头像我这样的人快要用光了。

“再说，”他补充道，“这个时候我想要朋友在身边。”啊，是的，莱温斯基。我很清楚他在暗示的是什么。在那场丑闻的始终，我都扮演好了自己的角色。私下里，当比尔在为这件事寻求出路的时候，我熬夜接听了不少深夜来电，安慰他、提出建议。在公开场合，我在电视上为远方的总统辩护，甚至到了经常被指责成他的哈巴狗的地步。那不是一个安逸的位置，但我选择站了上去。

因此，作为一个朋友——在那个时候，毫无疑问，我仍然把自己看做他的朋友——我想要帮忙。作为一个骄傲的美国人，我也想要帮助我的总统。但只有一个问题：我热爱自己驻联合国大使的工作。我在联合国只待了一年多一点的时间，我感觉自己正要开始大干一场，在这个过去很重要、现在依然重要的位置上。我做着一份吸引人的工作，就全球最危险、最难驾驭的问题发表讲话，和一大群国际人物见面、交往，这让我的每一天都值得纪念。我的妻子芭芭拉也相当喜欢这份工作。我们住在帕克大道上的华尔道夫酒店，接待来自世界各地的显要人物，尽可能享受纽约能够为我们提供的一切。

就算在国际外交的困难阶段，这份工作也是令人愉悦的公务与享乐的结合。伊拉克又开始有了抬头的倾向，而我那对鞋底过敏的老朋友(鞋底友?)萨达姆·侯赛因威胁要继续发展核武器，此举违反了一项联合国法令，需要联合国安理会更多的注意。我当然知道萨达姆会挑起争端，没想到的是我的一些驻联合国大使同事会唱反调。我发现某些驻联合国大使急切地反对我试图调动起来的主观能动性，即找出遏制这一势头的解决方案，不仅针对伊拉克，还有波斯尼亚和非洲。我需要两个精通业务的外交官作我的同盟——执着于细节并精通联合国章程。而我知道，身为一个从不走寻常路的大使，我要是想在任期内实现任何目标，就得设法获得法国大使阿兰·德雅梅(Alain Dejammet)和英国大使约翰·韦斯顿(John Weston)的支持，这是两位照本宣科的官僚主义者。

幸运的是，在我们共同的主人——纽约本身——的帮助下，我在德雅梅这方面取得了进展。在联合国大楼的封闭空间内工作一段时间后，我通常会到“大苹果”[1] 著名的中央公园去长时间地散

① 纽约的别称。——译者

步，抽根上好的雪茄。凑巧的是，德雅梅是一位积极的摄影爱好者，经常也会到公园去，寻捕完美的拍摄瞬间。至少那成了我们的借口。偶尔，我们会故意在那里撞见彼此，在没有随行人员或记者的情况下坦率地交谈，在远离联合国总部的地方谈论我们的工作。他成了一个同盟。

记住这点：当你工作场所的日常限定和程序妨碍到你的谈判时，把自己移动到一个有一定距离的——至少不那么习以为常的地点，也许是让事情取得进展的理想办法。或许这就是为什么很多国际条约的促成地都是在像马里兰的戴维营①和怀依河种植园，或者甚至冰岛雷克雅未克②这样的地方，而不是在白宫狭窄的东厢房或克里姆林宫高耸的红砖墙内。把关键人物从他们习惯的步骤中调开，你取得进展的机会就更大。这会让人的精神集中起来。有时我在考虑，是否促进美国—朝鲜关系的最好办法就是把奥巴马总统和金正恩一起送到国际空间站去度个长周末。那样他们肯定得说点什么。(要是这件事真成了，你是在这里最早读到的。)

在我到联合国任职的初期，在我需要安理会大使们的帮助起草一项谴责伊拉克专注于大规模杀伤性武器行为的决议时——这是我在安理会任职期间的一项重要责任——德雅梅起到了关键作用。但就算是那个简单的、纯粹描述性质的词语——谴责——对英国大使韦斯顿而言都是无法忍受的。尽管我的散步伙伴德雅梅对我表示支持，韦斯顿还是对我的措辞颇有微言。说实话，我本想用一个更严厉的词组——“强烈谴责”——但俄罗斯大使谢尔盖·拉夫罗夫(Sergey Lavrov，现在是俄罗斯外交部长了)对“强烈”这个副词有

---

① 戴维营是美国历任总统的度假胜地，罗斯福总统开启了邀请外国首脑到戴维营做客的先例，后成为美国总统与外国首领进行各项会谈的地点。——译者

② 冰岛首都。——译者

点意见。

到了这个点上，我会停下来，核实自己面对的现状。是的，外交谈判会受到那样微不足道的词语的钳制。对身处事外的人来说，这看上去也许有点琐碎，甚或到了可笑的地步。而我认为，正是这类导致事情停滞不前的争论偶尔给联合国冠上了无所事事的帽子——令人遗憾，特别令人遗憾，要是让我说的话。尽管如此，有时谈判就在于这些细节，在于对某些人而言有着重大意义的小小让步。律师在这个领域受过专业训练(问问那些你认识的离过婚的人)。最终，就像大部分联合国议案的情况一样，我们妥协了。“强烈”被去掉了，但“谴责”保留了下来。

自我 1997 年到这里任职后，联合国的氛围就一直不怎么样，而我的另一项随这份工作而来的重要任务就是处理这个问题。当时，由于诸多国际严重争端引发的问题，由于美国没能及时支付亏欠联合国的会费，也由于对俄罗斯大使的制裁——他一直在运用外交豁免权避缴停车费，大楼里的气氛已经千疮百孔。我知道我需要竭尽全力去鼓舞士气。为了这个目的，我曾带着整个安理会代表团——也包括德雅梅和拉夫罗夫——去看了一场洋基对大都会的比赛。我坚持给我的小分队全套纽约棒球体验：分发了棒球帽(洋基队和大都会队的数目持平，当然了)，我们大口吞下热狗、灌着啤酒，俄罗斯和中国大使在加时赛第七局离开时，我还掩饰了自己的失望。(我愿意假定他们是无意的：也许他们就想表现得跟普通的大都会球迷一样。)

去看棒球比赛的集体出游、在联合国休息室里一拖十、十拖百的雪茄时间、和联合国级别较低的工作人员在咖啡厅里随意地闲聊——无可否认，我为实现自己的目的选择了一条不寻常的道路。在我即将离任时，就连《纽约时报》都报道说我的外交手法“以联合国的标准来看，显得荒唐可笑”。我对自己的那点特殊之处感到自豪，现在依然如此。我不同寻常的外交之路，以及我的安理会同事们愿意买单的行为，是我乐于从事这份工作的大部分原因。

我并不想这么快就结束。所以，在克林顿要求我加入他的内阁时，我以为自己手里或许藏着一张王牌。尽管从严格意义上来说，联合国大使并非内阁级别的职位，但它往往能够提供内阁级别的地位，依据不同的情势、牵涉到的任务，以及，说句实话，只要情况允许，就能按需提升这个位置的重要性。因此，我急切地尝试了这个角度。

“比尔，从某种角度来看，我早就在你的内阁里了！”

“并不完全是。”他说。说的没错。

“但相当接近了，对吧？”我开了个玩笑。

他笑了起来。“还不够近。我需要你在身旁，比利。”

我猜我之前并不完全乐意帮忙，在我看来，加入总统内阁的唯一问题并不在于我热爱自己在联合国的工作。对于克林顿要求我接受的工作，还有一个更紧迫的问题。

“可是，比尔，”我有点窘迫地说，“我得跟你说实话。我在能源这方面没多少经验。”

比尔又一次大笑了起来。

“这没什么问题。”他说，带着一个总统的自信。你知道吗？最终，你都没法跟总统谈判。你只能服从。

几个星期后，我成了这个国家的第九任能源部长。

* * *

我在能源部担任部长的时间是一段欢乐喧闹的时光，充斥着奇特的经历和困难的谈判，还有未曾预见过的争议。在就任期间，我经历过不少独一无二的事件：在阿什巴哈德①一个由二十三道菜和同样多次数的伏特加祝酒组成的外交宴会过后，醉醺醺的土库曼斯坦总统要送我一匹马(我礼貌地婉拒了)；我和一个非常顽固——而且醉得很厉害的人(我礼貌地假装没有注意到这一点)——鲍里斯·叶利钦(Boris Yeltsin)面对面交锋过；在乌克兰总统列昂尼德·库奇马 (Leonid Kuchma)的祝福下，我访问了世界上最糟糕的核事故发生地——切尔诺贝利②以及附近的空城普里皮亚特，以确保切尔诺贝利的反应堆被安全地迅速关闭了(我礼貌地假装没有为自己的健康感到担忧)；在西伯利亚的一处温泉里——跟你以为的会议室相去甚远——我和俄罗斯海军部长敲定了一项协议，承诺通力协作，确保苏联军舰上核武器的安全。

值得记住的经历，全部都是。但在所有那些过往之中，我的这两份工作——联合国大使和能源部长——都确实造就了我对信息不对称这件事的看法，因为我得以第一时间看到抱有不同目的的不同的人会如何处置自己手头的信息，无论是否通过值得商榷的手段得来的。

比如：我接下能源部长位置的时候，在我的故乡新墨西哥州著名的武器研究基地洛斯阿拉莫斯国家实验室③所谓的“X 分部”里有个名叫李文和的核科学家在那里担任机械工程师。直到今天，我都相当肯定，倘若任何人回忆起我在能源部任职期间的事情，他们都会很快想起围绕着李的停职和指控而生的流言。我，还有其他

---

① 中亚国家土库曼斯坦的首都。——译者

② 切尔诺贝利核事故或称“切尔诺贝利事件”，是一件发生在苏联统治下乌克兰境内切尔诺贝利核电站的核子反应堆事故，被视为历史上最严重的核电事故，也是首例被国际核事件分级表评为第七级事件的特大事故，切尔诺贝利城因此被废弃。——译者

③ 洛斯阿拉莫斯国家实验室(Los Alamos National Laboratory)位于美国新墨西哥州的洛斯阿拉莫斯，成立于1943年，世界上第一颗原子弹和第一颗氢弹都诞生于此。——译者

人，在对这位首席核科学家的审讯、拘捕和惩罚上做得过了头。无论他们是否同样收集到了我从上一任部长处得到的关于这起事件的其他显著事实——克林顿总统在同年早些时候已经签发了一份总统指令，要求国家科研实验室增强安全戒备，因为中国最近透露他们获悉了有关我们其中一个最新式核弹头的高级机密细节，而分配给李所在的“X分部”的任务是编写用于核武器的数学公式，又被称为“遗留代码”。联邦调查局一项名为“血族精神”的调查行动指认李为嫌疑最大的人，而且李曾对联邦调查局撒过谎——好吧，到这会儿我已经没什么可做的了。

全面揭露：我承认，对于任何辜负我们国家赋予安全机构的信任的人，我都十分厌恶。我直接见证了我们的情报分析人员的忠诚和他们的重要工作——通常都是在暗处进行的，没有掌声、很低的报酬——我认为那些损害他们的工作和我们国家安全的人都应该受到相应的惩罚。在“9·11”事件后，我对这类行为的憎恶愈发强烈了，而且在事情牵扯到国家安全局时达到顶峰。在应对那些对我们不怀好意的人时，国安局通常是我们的第一道，也是最后一道反间谍活动的防线。正基于此，我很少同情那些人，诸如朱利安·阿桑奇(Julian Assange)①、布拉德利·曼宁(Bradley Manning)②及爱德华·斯诺登这样的人，他们选择由自己来揭露——无论那意味着什么，无论他们如何定义自己的行为——我们那些有必要被严密控制的秘密活动的行为和手段，而非采取那些揭秘者可以接触到的恰当途径。斯诺登和曼宁被指控不当处理敏感不对称信息，就因为他们自己认为这些信息应该被公开——在曼宁的案子里，他被判有

① “维基解密”的创始人。——译者

② 美国陆军一等兵，向“维基解密”泄露了七十万份美国政府机密文件。——译者

罪。很遗憾他们没询问我的意见。他们本不必在国外大使馆里暂住，或到俄罗斯寻求避难，或被判处二十项罪名，面临终生监禁。

我当然明白这不是一个非对即错的问题。但我是否认为这些自我指派的殉道者应该赋予他们自己这样的权力，即判定那些手段中的哪些部分是可接受的？我的答案是否定的。当一个个体对“公开透明高于一切”的自我推动的信条与我们国家的安全需求相违背时，我站在国家的一边。就那么简单。

现在，在我说了这些话之后，你也许会产生疑问，或许甚至还有些微的抵触情绪。“州长，那你在使用你所有的不对称信息的时候又有什么原则呢？”

我很高兴你这么问了。

在联合国，安理会安排投票时间的其中一项要求就是要有尽可能多的大使在场。或者说至少是这么要求的。现实的情况是，联合国大使们都是人，也会放任自己落入人类的天性，试图玩弄这个系统。从历史记录来看，很多处在我这个位置的人都曾经推测过，那些在一个特别紧迫的问题上赞同他们的大使能够在何时现身。在这方面我有着特别精确的记录，因为一个相当可笑的理由：不知怎么的，我总能知道那个固执的、反对美国的大使什么时候不会在场。

说得具体点，什么时候他会去找他的情妇。

这是一个完美的、看上去几乎不会出错的策略。我知道任何一个愿意豢养情妇的人都不会为了一桩像投票那么平凡的事而放弃去见她，让国际和平见鬼去吧。地狱的怒火也抵不过一个受轻慢的情妇。

他也许意识到了我们的鬼把戏——他肯定看出了那种模式——但从他的行为上可没表现出来。每次他放松防守，我的击打率就会上升。就像是某种钟表装置，他表现得多情一点儿，我们的投票日就会神奇地变得更忙碌。

很自然地，我的大使同事们都好奇我是如何确切推定出这样的情况的，如此肯定那名特定的大使会去忙乎别的事情。我从没透露过。

那么，我到底是怎么知道的呢？好了，我们这么说吧，我就是知道。我收到的讯息是《外交事务》对上《五十度灰》。

就我所在的位置而言，我在竭尽所能地维护而非损害美国的安全，送到我这儿来的情报帮助我更好地完成工作，对此我没有丝毫犹豫。

现在轮到你来建立你自己使用不对称信息的原则了。要是你相信公平竞争，使用的是直来直往的谈判策略，你可能会觉得我越界了。要是你相信获取和使用内部信息就是公平竞争，你也许会支持我的手段。

当然，这构成了一堂值得玩味的颇为有趣的谈判课程。在某些点上，无论是你自己去挖掘的还是“一只小鸟”告诉你的，你都会掌握在你的世界里被列为顶级机密的信息。这样狡猾，这样工于心计，是否总是恰当的？需要使用这本书里提到的所有技巧，尽可能确保一个国家的安全是一回事；在国家并非处于险境时使用情报来倾斜天平又是另一回事。我承认并非所有我们在那位大使离开期间进行的投票都攸关生死。而把这类技巧带回家去，这么说吧，用来跟你的配偶谈判，这又完全不同。

到了那个份上，需要考虑两个问题：

第一，利用不对称信息是否明智之举？

第二，你是否有足够的理由去不择手段地收集那些信息？

答案？是，也不是。

每次谈判都倚赖于不对称信息。和法庭上的审讯不同，谈判中没有“发现阶段”①，没有预先设定的时间允许每个人了解另一方

---

① 在美国法庭上，此阶段所进行的程序因案件性质的不同而有所区别。在民事案件程序中，此阶段主要是指法庭调查阶段；而在刑事案件中，则侧重于指双方间的证据开释阶段。具体行为视各州的司法实践以及立法规定的不同而有所差别。——译者

了解的任何事情，只要开口问就行了。因此，所有谈判都是不对等的。我们只能进入一个房间，期待我们是房间里最聪明的人，我们至少能比坐在对面的那个人知道得稍微多一点，那样我们就能胜过他们，比他们坚持得更久。我猜在商业环境里，百分之九十九的几率，人们会很乐意——而且毫无负罪感地——使用这类对自己有利的信息。我同意，从合乎道德的角度，利用你掌握的信息并没有错，只要它不是通过不当手段得来的。就像人们说的，在爱情和战争里，一切都是公平的，对吧？

好吧，并不是一切。

总有例外。首先，拥有不对称信息的优势是否意味着你就应该监视自己的丈夫、妻子或者孩子们？要是你在和老板就升迁一事进行谈判，你是否应该了解他什么时候跟自己的情妇厮混，那样你就能入侵他的办公室电脑，得知自己同事的薪水？

当然不行。在这些基本的关系中，我们作为有准则的、有道德的参与者，答案显然是否定的。你不是美国，而你的配偶也不是俄罗斯。你和这些人一起生活或共事。

这似乎是理所当然的事情，但对某些人来说不是。很多家长会辩解说，要是你能搞到孩子的脸书密码，你就该去把它拿到手。世界是危险的，他们坚持，要是你能保护你的孩子不受捕猎者的伤害——以任何必要的方式——他们都会那样做的，分毫不差。我可以尊重他们作为父母的特权，但从道德和伦理的角度来看，那很荒谬。我们都应当有一个私人领域，就算妈咪和爸比是付网络账单的人。

还有更实际的考量。在类似那样的情况下，在家和在办公室里，我们没有国安局可供使唤。你获得的任何情报都是你自我欺骗行为的产物。而且，说句实话，要是你的伴侣知道了曾经被你监视过，比起你通过掌握的信息所能得到的占先优势，那可能会造成的愤怒以及随之而来的后果可要严重得多。

因此，对我而言，这就是界限。当风险很高时，放手去做，试着掌握他们的秘密。但要是风险没那么大时，或者你和一个保管赌注的人结了婚，你只需要用现有的有限的信息去下注。（想想看吧，也许要是我们能够通过某种方式为每个普通的美国人建立一个国安局——一个秘密组织，会提供我们生活中相关的每个人的无价的情报，让我们自信地认为我们和我们的对手拥有同样多的信息，即使我们担心事实并不是那样——那样是不是会不错？就叫它国险局好了：国家风险局。）

直到世界变得更好之前，这么说吧，我不怪俄罗斯人要买那些打字机。

9

巴拉克·奥巴马总统

强硬攻势对抗温柔一击

“卡特里娜。”

那声音几近不可闻，轻得刚好不被我们周围的一打麦克风捕捉到。

你说什么？

“卡特里娜。他在问你关于卡特里娜的事。”

那是参议员巴拉克·奥巴马的声音，他的低语，微弱却坚定，确实是对我说的。

我刚回答了一个单独的问题——在这个场合，我们虚伪的2008年总统竞选的第700次民主党辩论大会——而我以为主持人会依照顺序去拷问下一位候选人。我以为我可以休息一下了。说得更坦白一点，我已经没在听了。（要是你觉得观看辩论让人筋疲力尽，想象参加辩论的人有多累；你不能责怪一个家伙想要休息一两次。）但事实就是这样：下一个问题还是丢给了我，而我甚至都没听到。

那是一个辩论的噩梦。

当着上百万人的面。

上百万个我想得到他们选票的人。

我，这个甚至回答不了一个简单问题的人。

一个简单的问题，关于……什么来着？

哦，是啊，卡特里娜。

或者，至少它可能演变成一次噩梦，要是我旁边站的不是奥巴马参议员的话。情况也可能会变得很糟，要是奥巴马参议员——他很清楚地听到了那个问题，也看到了我根本没注意听——选择不来解救我：

"他在问你关于卡特里娜的事。"

说句实话，我还是不知道那个主持人问了我关于卡特里娜的什么事，但奥巴马的提示让我的回答起码能跟这个主题多少沾上点边。

在激烈而高风险的总统选举竞技场上，这位来自伊利诺伊州的新人参议员完全有理由把我晾在那儿，看我陷入尴尬的境地。大多数政客会这么做的。很多政客都这么做了。

但相反，他看着一个同为人民公仆的同行就要在全国的电视屏幕上摔个狗吃屎时，在我倒下之前接住了我。那是一个暗示着奥巴马参议员做事风格的时刻。他不仅是一个参选总统的候选人，他还是个绅士。

而那不过是很多原因中的一个，关于我为什么坚持忍受了职业生涯中持续最久的其中一次谈判——那次谈判还导致了最具争议的抉择之一：在 2008 年的总统竞选中支持巴拉克·侯赛因·奥巴马。

我第一次遇见巴拉克·奥巴马的时候，也是大多数美国人第一次开始熟悉这个人的时候：2004 年在波士顿举行的民主党全国大会。奥巴马受参议员约翰·克里之邀在当年的提名大会上发表主题演讲，这段由一个"瘦弱的、名字古怪的小子"发表的开场演说直到今天还为人们津津乐道。

“你得见见这个家伙，”汤姆·达施勒(Tom Daschle)对我说，“你得跟这个家伙见上一面。”作为一名来自南达科他州的参议员，汤姆在 2004 年奥巴马的协助筹款行为中受益良多。而且，尽管汤姆没能赢得连任，但他的很多工作人员都加入了奥巴马的竞选团队，包括奥巴马的幕僚长彼得·劳斯(Pete Rouse)。汤姆是第一个实际感受到奥巴马魅力的人，而且是相当近距离的。

作为那年的大会主席，我确实计划好了要见他，但我承认自己是这么想的：*老天，但愿他没生我的气*。4 年前，在我还是能源部长的时候，奥巴马第一次竞选国会议员，他的对手是经验老到得多的鲍比·拉什(Bobby Rush)。当时我的做法也许让他不太高兴。具体点说就是：我选了拉什。我支持了那个最终击败他的人。我甚至代表拉什和芝加哥市长理查德·戴利(Richard Daley)出席了一次太阳能会议。说得简单点，我选择了权力集团而放弃了奥巴马。我不知道奥巴马是否依旧怀恨于此，还是已经原谅了我。

无论哪种情况，在他即将要发言的大会上担任主席，我有责任在演说前和他进行接触。我也想看看真实的情况，看看自己是否需要道歉。于是我给他打了电话。

“有什么我能帮上忙的吗？”

他的回答有点模糊。

“我理解你是这次大会的主席，”他说，“我期待跟你共事。”

我担心他会对我迎头痛击。*鲍比·拉什那整件事到底怎么说？*

因为，要是让我坦白说的话，我会做的。才怪，那是我妻子芭芭拉会做的事。她总是在对我说：“你不记得那个混蛋对你说的那件事了吗？现在你真要对他这么好？”对某件事怀恨在心是人类常见的情感。对政客(还有最记得那些事的人：他们的配偶)来说更是普遍的“必需品”。

奥巴马要么是不记得了，要么就是他认为提起这件事不会给他带来多少好处。不管怎么说，那都让我松了一口气，对他的坏记性或是宽宏大量的克制，我都心存感激。

谢天谢地，他也没要我为自己主动提供帮助的说法做出解释。事实是，尽管付出了很多努力才成为2004年的主席——甚至求了几个人情，说句实话——但我很快了解到那其实是一个没有实权的位置。尽管所有的主要候选人都对我表示了公开支持，在大会的各项仪式期间这个职位也带来了一些曝光率，但我唯一的实权就是确保黄金时段礼堂内的主要座席被民主党派的支持者填满。

我是一个立场明确、认可度高且经常公开露面的票务大师。

但我向你保证，我肯定是自己超能力的受益人之一。运用作为主席的特权，我为自己安排了一个前排的位置，观看巴拉克·奥巴马演出他的处女秀。我想看看这个家伙的表现，在靠近他的地方。

然而，首先，应该由我来说点什么。出于几个原因，我有点担心。第一，我知道最受期待的演讲——那个来自芝加哥的年轻参议员——就排在我的后面。(我不用排在他后面上台，这实在太叫人感激了。)第二，我不想上去简短地说几句话就结束，过去一整年里，我在那么多次总统候选人辩论里都表现得不错。最后，这是我第二次(也是最后一次)可以在大会上最先发言。按日程计划，我本该在这之前的一个晚上发表一次演说——我也确实计划好了要那么做——可艾尔·夏普顿牧师(Al Sharpton)[①]的演讲就在我之前，而他说得太久了，我的演说也因而被推迟到了黄金时段之后。即使我调动了自己作为主席分发门票的所有权力，事实也不会因此改变：那天晚上只有很少的人看到了我的表现。(后来，我以联合国大使的身份在大使馆为夏普顿举办了一次宴会，我对他提起那次的事。

① 美国著名黑人民权领袖。——译者

“是啊，我记得，”他咯咯地笑了，“那次我说得不错。”）

我的演讲完成得不错，但我不清楚礼堂里的人是否在期待下一个上台的人，哪怕他们已经提前知道了人选消息。因此，我说完之后立即去了后台，和重头戏主角见面，并介绍了我自己。

巴拉克坐在那儿，丝毫看不出紧张之意。他表现得镇定、平静，而且亲切和蔼，不仅仅是对我——再怎么说，我也是他的主席——对技术组成员和舞台监督也是，而后者只是在粗率地与他核对着演讲的细节。就在将要被介绍给这个世界的几分钟前，他站了起来，随意地穿过房间去给自己倒了一杯咖啡。回到座位上的时候，他向后靠上了椅背。没有紧张的抽搐。无需用空洞、焦虑的语言填满空白。镇定的化身。

接到还剩两分钟的通知，他慢慢地、优雅地站起身来。米歇尔朝他走过去，拿掉他西装上的几根线头，在他转身走向舞台的时候，简单地对他说了句，“征服他们”。

事后想来，他确实做到了。

“当我们在这里聚会时，有人正准备分裂我们，”他说，唤醒了一片早就准备好去接受的观众。

“今晚，我要对那些人说的是，没有自由的和保守的美国之分；有的只是美利坚合众国。”

掌声。

“没有黑人的美国和白人的美国之分，也没有拉丁裔的美国或亚洲裔的美国之分；有的只是美利坚合众国。”

逐渐响起来的欢呼。

“那些权威人士，那些专家，喜欢把我们的国家割裂为红蓝两派[①]……但我也有话要对他们说。在民主党派里，我们信奉的都是

① 红色代表共和党，蓝色代表民主党。——译者

同一位全能的主；而在共和党中间，我们都不喜欢联邦特工刺探翻找我们的情报。”

整个礼堂的人都站了起来。

“有些爱国者反对伊拉克战争，也有些爱国者支持伊拉克战争。”

雷鸣般的欢呼。

“我们是一个民族，我们所有人都宣誓效忠于星条旗，我们所有人都要守卫美利坚合众国。”

在距离我的座位不过六十英尺的地方，我从没见过这样的阵仗。随着他说的每一句话，欢呼声都似乎又上了一个台阶。在漫长的政治生涯中，我曾出席过五十次大会，但从未见过有人仅凭一场演说就能掀起如此高涨的氛围，更别提演说的主角是一个年轻的、相对来说还不怎么出名的政客，一个“瘦弱的、名字古怪的小子”。(顺便说一句，在他通篇关于“红/蓝美国”的演讲里，那句对他外貌的自我贬低的台词和其他的话赢得了一样多的掌声。那是我的最爱。)

等他终于说完了，“烟火”还没停下。或者至少说看上去像“烟火”，纸礼炮的爆炸声不绝于耳，彩色的纸屑从四面八方落到我们所有人的身上。米歇尔从舞台侧翼走出来，来到了她在舞台上的丈夫身旁，看上去和四年后成为第一夫人时一样沉着自在。

他们站在那里，接受了一会儿欢呼——不太长，很明智——在离开舞台时，他们径直从我身边走过。他们经过时挥了挥手。震耳欲聋的掌声淹没了其他一切声音，我只能冲他们两个蹦出一个词来：“哇嗷。”

我很快回到了等候区，他们并肩站在那里。掌声还在回荡。我对他说：“他们还在为你欢呼呢。干得漂亮。”

他笑了笑说：“谢谢你。”

米歇尔也在微笑，但她什么也没说。相反，她向前倾身过去，拥抱了她的丈夫。他也许只是一个“瘦弱的、名字古怪的小子”，但现在他成了整场大会毋庸置疑的超级明星，或许也将成为整个民主党的胜利者。

没有不敬之意：忘了克里。忘了约翰·爱德华兹(John Edwards)。他们或许曾是最有希望的候选人——在民主党内激烈的初选中杀出重围，赢得了名副其实的胜利——但那天晚上，人们记住的是奥巴马的表现。

多亏那次演讲——以及他越来越多地被视作民主党派的未来——奥巴马很快成了最受其他议员欢迎的随行出征者，无论他们是在寻求第一个国会任期还是连任。他们想要他出现在每个市政厅和每次筹款活动上。那真是一项了不起的成就，因为他自己甚至都还没被选上呢。他是一个在帮助其他候选人的候选人——在政治竞赛的生态系统里，这种事情可不常见。

在大会上发表了那通震惊四座的演说几周之后，不出所有人意料，巴拉克·奥巴马赢得了他自己作为伊利诺伊州参议员的竞选，以获得百分之七十投票的巨大优势击败了艾伦·凯斯(Alan Keyes)。也许没有自由的和保守的美国之分，但肯定有一个奥巴马的伊利诺伊。

* * *

我会说实话的。即使认为自己是一个政治动物，但我也没预见到奥巴马的发迹。然而，他就这么出现了，不仅以一个振奋人心的演说家和新参议员的身份风靡了全美国，而且登上了国际舞台。两年后，我应召去非洲帮忙解救被苏丹扣留的《芝加哥论坛报》记者保罗·萨洛佩克时，得知奥巴马甚至在我还没出手前就已经有所动作了，而且还是在半个地球开外的地方；当时他在出访肯尼亚的途中，却仍关注着释放萨洛佩克的事宜。

事态渐渐明晰起来，我们也许很快就会正面对抗。我有意宣布参选2008年的总统之位。尽管按传统的看法，奥巴马不会过早地踏出他职业生涯中的这一步，但还是有些小道消息暗示着相反的情况。一切都始于奥巴马与前参议员汤姆·达施勒在华盛顿托斯卡饭店的会面。汤姆极力劝服他参选。“别总以为你会有下一次机会，”他说，“你永远没法知道未来会怎么样。”每个人都会被那样的鼓励说动，更不用说一个雄心勃勃而又自信的政客，他已经取得了那么多的成就。这个提醒我们“在地球上任何其他国家，我都不可能取得现在的成就”的“瘦弱的、名字古怪的小子”。

尽管奥巴马正受到所有这些瞩目，我仍然认为要是他想参选总统还是太嫩了。显然我才是那个天真的人。然而坦白说，随着2008年总统大选的临近，我担心的并不是可能在我与奥巴马之间展开的竞争。让我忧心的是希拉里·克林顿。而事实上，希拉里担心的是约翰·爱德华兹。至于爱德华兹，事实表明，他也有自己要操心的对手。即使奥巴马最终确定宣布参选，他的初选民调也落后希拉里二十个百分点。他似乎操之过急了。

我在华盛顿举行的民主党全国委员会年度会议上又看到了奥巴马。很难相信我上次见到他的时候他才首次公开发表演说，并且第一次竞选联邦政府的职位。现在，我们同样都是美利坚合众国总统的候选人。四年竟能造成如此大的差别。

然而，尽管“奥巴马现象”已经成功登陆，奥巴马参议员的形象却还没流行起来。他的民调支持率相当低，还需要再给人留下几次深刻的印象才能成为有力的竞争者。民委会就是这样的机会。那是一个展览大会，所有候选人都有机会对代表团发表演说，而代表团成员则会带着自己的想法回到十分重要的（如果不是有十足预判性的)民主党大会上。据某些人的说法，那天我的演讲是最棒的。我按照先前安排好的，回到房间里问候支持者们，我被一大群人包围了。这让我忍不住想：也许在这件事上有点机会。还有一个隐约的念头：巴拉克是谁？那是一个飘飘然的夜晚。

和多年来的总统大选年一样，辩论总是不那么干净。然而，在很多场辩论里，我有幸得以再次被安排在奥巴马旁边，在台上的时候我们能够稍微聊上几句，而这让我在最奇特的情况下了解了这个人。得知候选人就算在转动的摄像机的注视下还有那么多聊天的机会，人们往往会表现得很惊讶。“你会去看兰斯·阿姆斯特朗(Lance Armstrong)①的那场比赛吗?”“你读到《时代周刊》上的那条诽谤攻击了吗?”“这桩事完了之后你要去哪儿?”

每次辩论开始前和结束后，奥巴马和我还会在休息室里一起待上一会儿。像我经常会做的那样，我拿他的名字开着玩笑。在读他名字的时候，我会过度清晰地强调那些音节。“奥—巴—马!”我会说。这似乎让他觉得很有趣。最终他会反击。“最好记住那个名字，理查-森，”他说，“我会跟上来的。”那不是傲慢；那是自信，而且令人信服。

他不仅对自己的竞争对手们彬彬有礼——我对你们说过了，要不是他在那个卡特里娜的问题上救了我，我当时就会言不对题——而且对每个人都是如此。门卫、警卫员、宴会准备人员、当地警员——对每一个来和他接触的人，他都有时间与他们交谈。我注意到他从不会对着典型的政客讲稿照本宣科——“我是巴拉克·奥巴马，我想要你的选票。”他不会这样请求，他只想问个好。不久之前，他还没有一支庞大的随行团队，因此好像每个人都能跟他接

① 美国职业自行车手，曾七获环法自行车赛冠军，后因兴奋剂事件被剥夺头衔，并遭终身禁赛。——译者

触，而他也会热情地跟每个人握手。

作为一个保持着握手次数纪录的人，就连我也对他的表现印象深刻。

我不想暗示我是他最好的伙伴，或是我跟他之间存在某种特殊的联系。我们的对话都是真挚友好的，但我们并未真的对彼此剖白我们最深的秘密和最疯狂的梦想。但在参议员身份之外，我也开始了解奥巴马这个人；而我跟他共处的时间越多，我就越享受和他一起的感觉。

起码可以这么说，我并非孤身一人。尽管开局不利，但奥巴马的宣传团队逐渐打开了局面，支持他的人开始成群结队地出现。二十多个。四十多个。八十多个。他日益增长的群众吸引力开始让其他候选人感到不安。他在新罕布什尔的早期初选阶段露了两次面后，印第安纳州议员伊万·贝哈(Evan Bayh)宣布退选，认为“有可能取得胜利的几率比我以为的要小”。

说句实话，我们所有人的胜率都变得越来越小。就我而言，早先在整件事被定义成希拉里、爱德华兹和奥巴马之间的竞赛时，我被激怒了。爱德华兹，因为他过去曾经参选过，而且一直在衣阿华州保持着稳定的表现。希拉里，因为她是希拉里。奥巴马，因为自2004年在波士顿的演讲后他的势头一直不断增长，缓慢却坚实。在很多场辩论中，我都被当作一个不相干的第四人，因为，好吧，因为我就是个不相干的第四人。

尽管如此，我还是觉得自己表现得不错，不谦虚地看，我在说自己并非孤身一人的时候就有那样的感觉。保守派专栏作家大卫·布鲁克斯(David Brooks)不顾一切地对我表示支持，在他的《纽约时报》署名专栏上无比肯定地发表了题为“不是克林顿，也不是奥巴马”的文章，他说我“表现出明显的人情味，和他的某些过度修饰自我的同僚不一样”。尽管他认为我“垮着脸，有点随意……而且不怎么优雅”，但我也是一个“滔滔不绝的、让人感到愉快的人”。在这件事上我有明显的优势：“毕竟，他是最有经验的总统竞选人。”而且，“一旦事关政策主张”，他指出，“他能够完美地获得自由派和独立党派的支持”。总之，“很容易就能想象他升到顶端的样子……他是最有可能突围而出的候选人”。

我没能突围成功。起码还不够。我愿意看到自己日渐变得不切实际的竞选征途拉得再长一点——我享受这个过程，而竞选又总能让你感到意外。于是我仍然以为一切都有可能——我不得不开始盘算，要是必须退选，我可能会支持谁。

我很清楚，大多数观察者都认为，出于对比尔·克林顿全然的忠诚，我有义务公开支持他的妻子。对这类逻辑我可不买账。一个简单的原因：比尔又不在候选人名单上。他的妻子可没有任命我为能源部长或联合国大使。就我所知，她甚至有可能对我的任职起过点反作用。

在衣阿华州会议上，每位候选人都有十分钟的时间来调动他们支持者的情绪。所有人都挤在一个小篮球馆里，我撞见了芝加哥本地人比尔·戴利。和我一样，比尔在九十年代为克林顿总统做事。你也许还记得比尔在白宫新闻发布会上那次著名的昏厥。他和我在同一天被任命加入总统的队伍。因此我们都曾在同一条船上：我们都曾搭乘克林顿执政府的大船驶过偶尔并不风平浪静的水域。

尽管我们有过那段历史——尽管人们以为他有义务对那条船的船长表示忠诚——比尔·戴利已经公开宣布支持奥巴马竞选总统。我不能让这个机会白白溜走，因为有些事我必须弄清楚。“比尔，我知道你在支持奥巴马，”我说，“我得问一句：克林顿家的人对你生气了吗?”很显然比尔早就想过这个问题了——那很可能会招致克林顿人尽皆知的暴脾气——可是比尔笑了起来，因为他找到了一个无可挑剔的站在奥巴马身后的理由：“嘿，我可是从芝加哥来的。

他是我的州议员。”他可以用政治掩护来追随自己的内心。可我必须逼他一把。“是啊，他一直是你的州议员。大概有三天了吧！”他大笑起来。他知道我在撕开他合情合理的借口。我不得不这么想：他也在怀疑克林顿夫妇在这件事上是否真能如愿。

我当然也是。

我知道我的选择最终还是会落到两个候选人身上：希拉里·克林顿或是巴拉克·奥巴马。而这整个过程都会是一次漫长的谈判（对我自己和两个候选人都是）。奥巴马在衣阿华州的十分钟演讲并没让我的决定变得更容易。他很独特。他谈论了宏大的主题：团结、两党合作，还有未来。我转向我的妻子，我说的话让她受到了惊吓：“芭芭拉，我在认真地考虑把讲稿丢到一边去，就这么走上去，立刻宣布支持他竞选。忘了我的演讲吧。这下无关紧要了。我应该就这么支持他！”她狠狠地瞪了我一眼：你疯了吗？

她不需要说什么。她是对的。为时尚早。

我们接着竞选，尽管我仍然感觉事实会证明那将是一场失败的战役——我听过太多次了，选民们说最后会轮到我和奥巴马决胜，而他们会选奥巴马的——我发现那很多个月的过程是一次难以言喻的经历。我甚至会说，被我吸引过来的人数较少也成了一件让人高兴的事。我可以跟几乎每个人握手，而奥巴马的支持群体太过庞大，不可能让他拥有那种近距离的、个人化的、由接触带来的满足感。最后，一支情报部门的小分队甚至被指派去保护奥巴马，把他和他期望传达问候的选民进一步隔开了。（我不会欺骗自己，以为这样会让他失去选票；那只会让他失去和他的支持者单独交流的乐趣。）

在由“鹰眼之州”[①] 参议员汤姆·哈金（Tom Harkin）于印第安

① 衣阿华州的别称。——译者

诺拉举办的衣阿华炸牛排野餐会上——一种传统的“吃肉并问候”所有在早期投票中至关重要的州内选民的活动——我发表了又一通强有力的演说，这回是在一片辽阔的、站满了吃玉米长大的爱国者的绿色草原上。我毫不怀疑正是一路伴随着竞选征途的那种天不怕地不怕、无所顾忌的态度让我的演讲变得生动多彩。整个场地上的反馈都很不错。“很棒的演讲。”奥巴马说。我回到了自己的座位上。

奥巴马的风险更高，但那天吸引了最多注意力的并非他说过或者没说的话，而是他没做的事。国歌从扩音器中倾泻而出的时候，候选人们走了出来，略转向右面对着国旗。巴拉克站得离旗帜最近，我、希拉里，还有汤姆·哈金的妻子露丝，在他身后排成一排。每个人都把手按在心口的位置上——每个人，除了巴拉克。

现在我可以告诉你们，奥巴马的选择没有任何恶意或不爱国的情绪，他所在的位置也没法看到身后所有人都齐刷刷地做了同一个动作。那是一个无心的错误。在竞选过程中，我们都有过在最不恰当的时机走神的时候；而这次轮到了他。

考虑到在右翼人群中持续不断的流言——奥巴马是一个出生在肯尼亚的穆斯林社会主义者，曾对着《古兰经》发誓，并拒绝诵读《效忠誓词》①——无怪乎媒体会抓住那个有争议的动作大肆攻击，把它放大到一个更严重的地步。我收到了不少邮件，用各种不同的方式表达了“感谢你把手按在心口上”。没什么需要感谢的；说句实话，而且我是作为一个爱国者这么说的：我不认为这是一件多么了不起的事情。

而且——我按着心口起誓——我至今也不这么认为。

---

① 1942年由美国国会正式通过，作为对美国国旗和美利坚合众国效忠的誓言。——译者

但关于他反美态度的抨击还在延续。奥巴马还被指责在他认为不必要的时候拒绝在翻领上佩戴旗徽（“有时候我会戴上，有时候不戴”）；而且，在他认为那不过是真正的爱国主义一个不能令人信服的替代品时，他也从来不戴（“我的观点是，比起你心里真正的想法，我并不那么在乎你往翻领上戴了什么东西”）。尽管如此，最终他的态度还是软化了下来，在我看来，他佩戴旗徽的次数远远超过了他原本的计划。我理解那是为什么，有时服众要比固执己见更好。

在这整个攻击事件中，从我所处的位置来看——又一次，在离他很近的地方——他表现得镇定自若、临危不乱。要我说，像个总统的样子。

我知道越是接近宣布退选、把我的支持给予另一个候选人的时刻，那个抉择就越艰难：我是应该为了克林顿夫妇去支持希拉里，还是应该为了自己去支持那个我希望支持的人？

衣阿华州的政党高层会议强迫我做出表态。他们也是测试克林顿夫妇反应的第一道防线：要是我支持了希拉里以外的人，他们会有多愤怒。约翰·哈伍德（John Harwood），美国全国广播公司财经频道华盛顿首席通讯员，也是《纽约时报》的一名专栏作家，在《时报》上率先发表了一篇报道，声称要是我没能得到足够的票数跨出衣阿华州的门槛，我答应将会把我的代表团都派去奥巴马的阵营。

无疑克林顿夫妇把这一声明看作是一种背信弃义、背叛和不忠。

我认为那是胡扯。

我可没答应过这样的事。

要说我很生气，那不过是一部分的反应。我知道一旦希拉里和比尔听闻了有关这个鲁莽谎言的任何风声，他们都会来找我算账。还不只是他们。我不停地接到电话问我流言是否属实，我不得不一遍又一遍地予以否认，弄得嗓子都哑了。竞选团队中的朋友来问了。记者来问了。曾是克林顿总统特别顾问的兰尼·戴维斯(Lanny Davis)也来问了，还说他从一个可靠来源那里得知我已经答应了。我始终坚持那不是真的。

不是吗？

我肯定不记得曾经答应过任何事。然而，奥巴马的竞选主管戴维·普洛夫(David Plouffe)在接受采访时并未直接否认这一说法——他说只是还未达成“正式协定”——这让我开始怀疑自己的记忆是否正确。我真的同意了某种协议吗？还是，更确切地说，有人代替我同意了某种协议？

我拷问了我所有的高级助手。他们都声称自己是无辜的，要不就是毫不知情。

就在几天后，在奥巴马那次著名的颠覆性的衣阿华州胜利后——而我，和往常一样，还是那个令人振奋的第四——我了解到那些流言从始至终都是真的。我在衣阿华的其中一名工作人员确实同意了那个协定，只是因为我已经原谅了他，我选择不在这里提到他的名字。

第四的位置为我赢得了——只是勉强赢得了——在新罕布什尔举行的下一次辩论的一席之地。我们站上了曼彻斯特的舞台，摄影机就要开始运转的时候，奥巴马靠了过来，对我耳语道，“嘿，伙计，衣阿华的事，谢了。”我费了很大力气才克制住自己不要靠过去对他做出回应，“我他妈的什么都不知道”。相反，我什么都没说。我只知道奥巴马以为我给他送去了选票，你可以确定克林顿夫妇——到这会儿他们都还在寻找可以透露我真实想法的蛛丝马迹——也当然会这么想的。要命。他们会勃然大怒，尽管我对此抱有天真的想法，他们至少有一个感到愤怒的理由了。可我还是不能摆脱这件事的荒谬之处：他们会因为我做了某件我甚至不知道自己做了的事情而生我的气。

在几分钟后开始的那场辩论里，除了那个最重要的指标——我那不断下滑的支持率——所有迹象都表明我表现得相当不错。民意调查员弗兰克·伦茨(Frank Luntz)经常会在这类辩论后立刻接过市政厅的人，甚至报告说在那些真正观看了这要命的辩论的人中间，我的支持率胜过了奥巴马。但我的总体支持率还是很低，依然处于垫底的位置。新罕布什尔开始投票后，我仅仅获得了百分之五的选票。

是时候退出了。

和我在新墨西哥的顾问们商量过后，我在深爱的家乡圣菲举行了最后一次集会。

“怀着极大的骄傲、理解和对现实的接受，我将要终止自己竞选美国总统的道路，”我说，“是时候结束我的追求，回家来和你们一起应对新墨西哥州面临的挑战了。”

人群欢呼了起来，还有很多人站了起来。当然，我不会错过开玩笑的机会。

“我注意到了谁没站起来，”我说。

对于那些仍在总统竞赛场上搏杀的候选人们，已经不再是其中一分子的我抓住机会赞扬了每一个还留在场上的人，因为正如我在演讲中提到的，我们应该“撇开政见上的不同，尊重……其他仍在参与竞选的候选人的诚信和正直”。要说实话，我也意识到了自己必须平息所感到的来自克林顿竞选团队方面的压力，而一次真诚的、不偏不倚的赞美也许能有所帮助。

“爱德华兹参议员是为我们之中最受打压且被遗忘的群体发声的个体，”我说，并不知道他自己差不多很快就要被忘记了。

“奥巴马参议员是这个国家在面临极大不安时的一道希望和乐观的亮光，他也有着超越自己年龄的深思熟虑的智慧，”我说，并不知道他最终会需要竭力调动他的智慧来运作这个国家。

“克林顿参议员在逆境中表现出的镇定自若，只有她一生中取得的成就和对我们面临的挑战的深刻理解才可与之媲美。”我说，并不知道这些话是否会被充耳不闻。

我感谢了我的支持者们，感谢了我的工作人员，然后，我对自己成为美国总统的梦想说了再见。

那是正确的选择，尽管，我承认，在退出后看到很多报道此事的文章中都引用了类似“广泛预期”这样的短语让我感到有点受伤。我的意思是，拜托！我也许是个厚脸皮的政客，但那还是有点伤人了！

但那些报道是对的：

2008 年 1 月 10 日，星期四，我的总统之路就此终结。

而真正的谈判开始了。

* * *

一通又一通的电话，来得又快又急，每个候选人都期望说服我尽快公开支持他们的竞选。不出意料，希拉里首先打来了。奥巴马是第二个。然后是爱德华兹。有好几天的时间，他们每个人似乎都在角逐两场竞赛：一是总统之位，二是我的公开支持。

三个人都用自己独特的、无法效仿的方式对我的移动电话进行了轰炸。差异最明显的是奥巴马和克林顿。奥巴马持续不断地打来，以大约每周一次的频率。“嘿，伙计，是奥—巴—马。”他会这么说，延续着我们在竞选活动中曾经玩过的游戏。这些并非恳求的通话，而是周到的、温和的、文雅的说服。我从没怀疑过他是在试图跟我谈判以得到我的公开支持，但我从没觉得他对此急切难耐。

此外，巴拉克的来电还很私人，总是用他的手机直接打给我。

他从不摆架子。不会有“请不要挂机，等待接通奥巴马参议员”的指示。传到我耳里的是他的声音，就像几个月前我直接听到他说话那样，就像我在那次辩论中没听到那个关于卡特里娜的问题时解救了我一样。一对一、周到、仔细、冷静。

而希拉里的电话总是以同样的方式开场：“请不要挂机，等待接通克林顿参议员。”通常她的电话是她的筹款人打来的。伊丽莎白·巴格利(Elizabeth Bagley)打来了，还有哈伊姆·萨班(Haim Saban)、米基·坎特(Mickey Kantor)。那不能算是严格意义上的私人接触。

希拉里打电话来的时候，通常我总得等到她的助理宣布她很快就会来接电话。现在，事实证明了我是个耐心的人，但当时我还是新墨西哥州州长，没有理由让我等着。

从谈判的角度来看，她没直接出击。她在“用身份说话”，微妙地暗示她的时间比我的更宝贵。在一场谈判中，如果你想从其他人那里得到什么东西，最好不要让他们带着对你的不满开始每次的谈判进程，就算是为了最微不足道的事情。

爱德华兹不再打来了，理由很充分。在我退出几周后，他做了同样的事。在新奥尔良第九区的一次演说中，他说他会退出这场竞赛，“好让历史开辟它的道路”。而就我们如今所知的，或许还有其他原因。

于是还剩下两个人了。希拉里和巴拉克不断地打来，他们各自独特的方式也变得越来越清晰。希拉里的电话总是迫切而直接，试图说服我。巴拉克依旧是冷静平和，几乎是消极被动的。但他在为那个问题做出铺垫，而非直接要求。他最直接的表现是一次试图触动我心弦的计划好的尝试。“嘿，伙计，”他说，“我们可以创造历史。让我们一起创造历史。你，我，泰迪。”泰德·肯尼迪已经选择了支持奥巴马。提起他的名字也许是个聪明的手段，但作为一个正在创造历史的人——首个真正有机会入主白宫的非裔美国人——这看上去很真诚。

在整个过程中，巴拉克以柔相待的策略从没动摇过。那让我想起我们在竞选途中到新墨西哥州拉斯克鲁斯市[①]一个阵亡将士纪念碑前参加活动的时候。我们站在那里致意，一阵风把挂在一座墓碑前的搁架上的纪念花环吹了下来。奥巴马一秒都没耽搁就把花环捡了起来，挂回原来的位置，就像任何人——任何政客，毫无疑问——会做的那样。但奥巴马做得更多，他小心翼翼地把每朵掉落的花都捡了起来，放回到原来的位置。

他这么做不是因为摄像机。他是为了那些阵亡的将士。

轻柔的一击。有效的一击。

他打给我的电话从不会产生相互影响的作用。他从不会说："要是我赢了，你想要什么？"他只会说："我会赢的，比尔。从数据统计来看，我会赢的。"就像在陈述一个简单的事实。而作为希拉里这一方，即使她取得胜利的可能性已经变得越来越小，她依然否认那个事实，还有数据。"他没可能会赢的。"她会这么对我说。

两名候选人之所以特别想要敲定我的支持，有好几个原因。从实际层面而言，我可以为他们送去为数不少的西班牙裔支持者。此外，专栏作家比尔·克里斯托尔（Bill Kristol）和其他人都暗示称，无论是谁获得了我的公开支持，都能顺利赢下即将到来的得克萨斯三月初选，并进而赢得总统大选。那么说也许有点过于夸张了，但还留在场上的候选人们已经到了焦头烂额的地步。要是我还在这场竞争里，可能也会有同样的感受。

因此，对两名候选人来说，我要不就得推荐他们，要不就得闭上嘴。公开支持或者拒绝公开支持。

---

① 新墨西哥州南部城市。——译者

要做出一个思虑周详的决定，确实再多的评判标准都不嫌多。他们或许都是民主党人，他们或许对体制方面最重要的问题有着完全一致的看法，但两人间依然有着各种各样的差别。希拉里几乎在全国媒体的聚光灯下生活了近二十年；奥巴马只有三年。希拉里是传统派别的政治家；奥巴马是新生的力量。

在一个重要的问题上，我无法不倾向于奥巴马。我的直觉是，奥巴马能够带给华盛顿一个崭新的、令人激动的群体，而希拉里只会让那些早就已经身在华盛顿的旧有势力围绕在她身边，而这些人是我在克林顿执政期间就已经熟识的。看样子是时候翻过这一页了。(我意识到这其中的讽刺之处，作为一个得到克林顿长期任命的人，我正在反对的是那些就像我一样的人。)

奥巴马在外交政策方面的看法和我如出一辙，他可以接受——见鬼，通常那总会更受欢迎——和那些与我们持不同政见的外国领导人进行“不带先决条件的”对话。在二月末的一次辩论中，当被问到他是否会跟古巴的领导人们会面时——那些人我还是略知一二的——奥巴马说：“不仅仅是古巴，我认为这项原则应该被更普遍地实施。”他甚至引用了约翰·F·肯尼迪(John F. Kennedy)的话，“我们永远不应出于恐惧而谈判，但我们永远不应畏惧谈判。”在这点上，希拉里表示出了异议，坚称不带先决条件的会面“会妨碍我们实际估量像劳尔·卡斯特罗这样的人的能力”。

怎么会呢？我还是不理解这其中的逻辑。要估量像劳尔·卡斯特罗这样的人，还有比跟劳尔·卡斯特罗见面更好的办法吗？我可以向你保证，一旦谈判的参与者选择要谈判，谈判就会变得有成效得多。有道理，不是吗？

然而，尽管这些差异显而易见，我的选择却不能同样明晰。比尔·克林顿自请自来和我一起看超级碗的举动事实上并未让这个决定变得容易一些。我知道他会对我施加很大的压力。我知道他可以表现得很有说服力。我怀疑自己是否会就此被他说动。而当奥巴马听说克林顿要对我施加这样的压力后，他打来了电话。

“我没法跟这个人竞争。”他说。

“跟什么?”我问，尽管我知道他指的是什么。

“我不能跟一个要来见你的前总统竞争。”

“我理解，”我说，“但我还没准备好要发表公开支持。所以，我向你保证，他在这里期间我不会做出决定。这会儿我只能做到这样了。”

“我接受，”他说，“可是，比尔，你确定你能坚守那个承诺吗?”他问道，笑了起来。“比尔·克林顿可是一个很有说服力的人。”

“这么对你说吧，”我说，“我会尽力的。”

克林顿来了，尽管那是我一生中最尴尬的几个小时，我还是做到了在超级碗的四个小节中没有向他做出任何初步的保证——或是同意公开支持。他感到沮丧，但我却感到解脱。我守住了自己的承诺。

第二天，第三天，都没有消息，但在几天后，我接到了一通我以为会来得更早一些的电话。

“比尔，是奥—巴—马。”

当然是了。

“我注意到你没发表公开支持。”他说。

“是的。”我说。

“所以我还有机会。”

“没错。”我说。

“我们还能接着聊聊吗?”他问道。

“我们可以，是的。”

“那就是我要求的全部了。”他说。

他没有立刻要求我公开对他表示支持，就算那个想法肯定很诱人。但他知道他正处于谈判的中途，而非收尾阶段，逼得太紧也许会适得其反。估量你的谈判对手正处于考虑的哪个阶段总是至关重要的，而在这件事上，奥巴马的判断十分出色：他能看出我还没准备好做出承诺。

事实是，我还不知道自己打算怎么做。我的工作人员开始倾向于奥巴马(在我退出后，他们中的很多人加入了奥巴马的竞选团队)，并且他们也对我施加压力，希望我同意他的请求。对他们来说，选择的方向是显而易见的。

但只有我知道这其中所涉及的复杂纠结。我和克林顿夫妇之间有着相当复杂的关系——现在依然如此。在过去十年的大部分时间里，我与克林顿都有着相当紧密的共事关系，而且，他为我提供了在不是一份、而是两份位高权重的国家职位上发光发热的机会：能源部部长和美国驻联合国大使，这是一个无可辩驳的事实。然而，事实的另一面——容我谦卑地指出这一点——我也配得上那些机会。

因此，要说我不欠他们什么，那是不对的。但要是说我欠了他们一切，那同样不公平。

这是我要做出的决定。

但那并不意味着我不能借助一点小小的帮助。在为这个抉择失眠了一阵后，我决定求助于两名深受我信任的顾问——几十年的好友——听取第二和第三个人的建议，毕竟我在仅凭自己做出决定这件事上遇到了点困难。我问了他们两个我需要回答的问题：第一，要是我选择公开支持奥巴马而非希拉里，那是否真的是对比尔·克林顿的不忠？第二，要是那确实属于背信行为，我欠克林顿的是否真有那么多，以至于我不管怎样都不该公开支持奥巴马？

我得到的第一个反馈是直截了当的。

比尔，我的顾问说，你必须记住克林顿夫妇是政治家。见鬼，他们是我们见过的最政客的夫妇。那意味着他们只关心他们自己。这不是批评，这是事实。要是你对他们有用，他们就会一直对你献殷勤。要是你对他们没用，他们就会忘了你。他们也许不会原谅，但他们会忘记的。他们会继续前进。比尔是帮了你很多年，可是，嘿，我们这么说吧，你也为他做了很多事。你帮他渡过了莱温斯基的难关。在他需要交谈、抱怨、发泄的时候，你总是在他身边，接了那么多深夜来电。在那些艰难时刻，你总是在那里。要是你问我，我会说你的债都还清了。所以，你得意识到你有权做自己想要做的事，做你认为对的事。所以，你要是想跟着奥巴马走——而且，我们可以坦白点说，这是一个有远虑的政治举动，我知道你也看出来了——但要是你真的想跟着奥巴马走，你应该听自己的。你有那个自由。

我也许不会那么夸张，说我的债都还清了——而且克林顿肯定不欠我的——但第二通电话帮我把那些还没还清的人情债放到了更尖锐的语境下。

你的职业生涯很顺利，做的都是比尔·理查森最擅长的事情：做好比尔·理查森。比尔·克林顿没造就你。当然，他帮了你，可他没造就你。他任命给你两个重要职位——没错——但是你让自己得到了这两个任命，而且在你接受了之后，你完成了工作，不是他。你取得的一切成绩都不是因为比尔·克林顿，而是因为比尔·理查森。

坦白说，那些电话给我的感觉就像心理疗程，但那也不意味着他们说的话就是不对的。他们当然给了我帮助。又睡了一晚后——这次睡得稍微好了一些——我准备好要做出决定了。事实上，我的决定早就做好了。

我等着奥巴马参议员下一次打来的时候。

“比尔！是奥—巴—马！”他开口道，像他一直以来的样子。“你怎么样？”

闲聊一会儿没什么大碍。

“我？我很好，我很好。你呢？”

“我很好。”

我们要谈论的事情明摆着，可我们偏偏在谈那些无关紧要的事情。

“是啊，我很好，”我说，“竞选怎么样了？”

“很好。圣菲的情况怎么样？”

“很好。”

一切都很好。

球在我的场地里——应该由我，而不是他，把话题引到公开支持的这件事上去——可我没有立即把什么都说出来。也许我享受那种在电话里吊人胃口的感觉。又或许我在等他说点什么疯狂的话，好让我改变主意。

最后，我给了他想要的。

“奥—巴—马，”我说，“我做了决定了。”

他什么都没说。他明智地希望我来揭开自己主张的每个细节。于是我继续道：

“那个人会是你。”

那一刻，那个全球闻名的、被看作历史上最伟大演说家之一的人，他……什么都没说。他也许并不是说不出话来——那对我这一方的期望未免太高了——但他无疑是沉默了。我的想法：他被震住了。

“我会公开支持你。”我说，只是为了确保我明确表达了自己的意思。

持续的沉默。

最后，总统以我们很少听到的低声轻语——我只能想起我的“卡特里娜时刻”——说：“伙计，我真的很感谢。”

然后又是一阵沉默。

我拿着电话等着，以免他想就他的感激之情再说点什么。(嘿，你能怪我吗？我为他做的可不是什么小事。)但他没再说什么。我开始怀疑电话线路是否坏了。

我又拿回了主导权。“只有一个问题，”我说，“一个逻辑问题。”

他似乎还在整理自己的情绪，于是我接着说了下去：“我对我妻子芭芭拉保证过了，我会带她去加勒比海。”好多个月前，芭芭拉和我计划摆脱所有这些事——从竞选失败的阴霾里恢复过来——去一趟安提瓜岛的米尔礁。“所以，”我坚决地说，“我们要去加勒比海。”

“那怎么就是个问题呢?”奥巴马笑着问道。

啊哈，他还在听着呢。

“我准备好要公开支持你了，但我们很快就要出发，而且要一个多星期才回来。”我解释道。

“我听到了。”他说。

他似乎没有理解我的话。我以为已经暗示清楚了这个问题；奥巴马参议员正忙着处理他的长期牧师——耶利米·赖特神父引发的乱子，后者针对反美言论狂热布道的行为被记录并揭发了出来。竞选就是对超级代表的追逐，以便在情况万一变坏时能够倚赖这些人，而赖特的惨败肯定会让奥巴马的一些支持者感到气馁。他无疑会希望利用我的公开支持来转换话题。那是我的想法，所以他肯定也是那么想的。

“那我们怎么处理这桩公开支持的事呢?”我问，“公开声明？我今天来录点什么，好让你在我离开期间放给他们听?”

“不，不，不。”他说。他显然已经考虑过这件事了。“我们得一起来做这件事。就你和我，在台上。在一次集会上。”

“可我妻子会杀了我的，要是我取消我们的——”

“不，不要取消。我不是要求你取消。去度假吧，务必。”他说。

对一个即将创造历史的人而言，他似乎并不那么着急。一个冷静的家伙，就算身处赖特丑闻掀起的轩然大波中。

“等你回来的时候，”他说，“我们会办个盛大集会。会很有趣的。”

他说他会跟工作人员讨论一下，确定发表声明的最佳时间和地点。同时，芭芭拉和我前往安提瓜的白沙滩，去享受我们十分需要的休憩和闲暇。

尽管我们的度假地风景如画，我却不能说这趟旅行完全摆脱了焦虑。芭芭拉和我都知道，尽管就我个人而言，我对奥巴马的公开支持令人兴奋，但此举注定会带来一些麻烦。在不断啜饮插着小阳伞的饮料的间隙，我们不由自主地谈论着这个决定。以及，更重要的，这个决定的意义。

“我爱你，”芭芭拉说，“我站在你一边。我支持你。但你知道你必须要做什么。”

没错。我完全明白她的意思。她不需要再多加解释了。在安提瓜的休闲享乐和公开支持会引发的爆炸效应之间，我必须找个时间去做那件不那么让人激动、而且肯定不轻松的事。

我必须给克林顿夫妇打电话。

* * *

我们回到圣菲后，我打给了奥巴马。“奥—巴—马！”我说，“是理查-森。”

他很高兴接到我的电话，更高兴听到我没有临阵退缩。相反，我对自己的决定考虑得越多，就越肯定那是正确的选择。这部分成了很容易就能处理的事。

“那么，你想要怎么来做这件事？”我问道。

他解释说，在征求了竞选团队的意见之后，他认为我应该在3月21日和他一起出现在俄勒冈州的波特兰。他会租一架包机，把我和我的一些随行人员一起载去河狸州①，我们会召开一次集会。听起来不错，我随时准备出席这次集会。

在起飞的前一夜，我又一次拿起了电话。我吸了口气，挺直了背，拨了希拉里的号码。只是为了自娱自乐——在紧张的时候，我很容易变得很蠢——我短暂地闪过一个念头，在她接电话的时候，我会说：“请不要挂机，等待和州长通话。”

我没说。

我很肯定她不会理解笑点在哪儿。

相反，我平静地对她说了我打算在第二天公开支持奥巴马的事。

和奥巴马不同，她没有被这个消息震住。但她不太高兴。

“别那么做，比尔。那会是个天大的错误。”

我请她说得确切点。

“因为他赢不了的。他不会赢。”她说，尽力表现出理所当然的样子，就像那是宇宙中一个简单的事实。

作为一个政客，我知道那种把竞选对手贬低成没有成功希望的人的倾向，尤其是那些给你造成最大阻碍的人。但要是奥巴马真的一点机会都没有，希拉里就无需对此太过坚持。她不是在过分反

---

① 俄勒冈州的别名。——译者

对，她是彻底地反对。

“他不会赢的，而你会成为那个支持错了候选人的家伙，”她说，“比尔，我在告诉你，不要这样做。”

她还在继续试图说服我，就算情况已经很清楚了，她不可能改变我的想法。尽管我觉得她不认为那是在白费力气，我猜她觉得自己成功地在我的脑海里埋下了怀疑自己选择的种子。就算她还没能改变我的主意，最起码，她能对我说，我告诉过你了。

在谈判里总会有那样的冲动：就算你得不到自己想要的，那个想法还是挺诱人的——如果不是那个最后的词语，那就是最后那几个词语，会让你的谈判对象至少开始怀疑自己是否做出了正确的选择。那很诱人，但那是个错误。没人会喜欢听到“我告诉过你了”，而任何一个听到“我告诉过你了”这句话的人都不会因此更喜欢那个说了这句话的人，就因为他们那么对你说了。(要是你被绕晕了，就再读一遍。看到了？告诉过你了。)

要是随便哪个人问你，是谁这么告诉你的，你可以对他们说是比尔·理查森这么告诉你的。

不管怎么说，在某个节骨眼上，希拉里放弃了。我以为自己已经挨过了最糟的部分，但接着她又问：“你会给总统打电话吗?”她的意思是比尔，不是布什。坦白说，我曾希望这一通电话就能满足他们两个(再怎么说，他们不是一个团队吗？不就是为了这个我才被指望对希拉里忠诚吗？那不就是交易吗?)。现在她把又一个让人不舒服的通话安排写到了我的日程上。于是我说：“当然会。”

我们挂了电话。

我又打了几个电话，也许是主菜前的热身。我给玛德莱娜·奥尔布赖特打了电话，在我担任联合国大使和能源部长期间，她是比尔·克林顿的国务卿。我对她说了我的决定，她同样感到失望，尽管没表现得太过明显，例如说我是在犯一个巨大的错误，但她让我感到很尴尬。我给亨利·西斯内罗斯打了电话，他曾是克林顿任内的住房与城市发展部长。亨利和我是几十年的朋友了，可就连他都对我的选择表示了些许怀疑。

我的热身并没真的让自己热起来。

尽管如此，我知道不能再拖下去了。几小时后，我就要启程飞往波特兰。

我调起些许勇气，打给了比尔。

叮铃铃。

叮铃铃。

叮铃铃。

电话转到了语音信箱。

我不能跟他直接对话了。我或许可以松一口气了，但事实是我做不到。要表达的太多了。

我需要告诉他所有我在超级碗那时候就该告诉他的事情。我需要告诉他，尽管他在整个九十年代为我的职业生涯提供了那些帮助，但我必须在2008年做出某些特定的抉择。我需要告诉他，尽管我本人也是克林顿政府的资深成员之一，但我真的认为这个国家需要来自新一代政府人员的新视野。我需要告诉他，尽管我一直对他忠诚，但我不太明白为什么那份忠诚还必须延伸到他妻子身上。我还需要告诉他，尽管我更希望跟他本人直接对话，但还是不得不把所有这些话都留在他的语音信箱里，因为第二天早晨我就要登上一架飞往俄勒冈的班机，去公开支持奥巴马参议员。

但相反，我说："比尔，我是比尔。你方便的时候给我回电。"

他没打来过。

* * *

第二天早晨六点，我登上了前往俄勒冈的飞机，心里清楚这件事已经无可挽回了。集会被安排在太平洋时间十点，但奥巴马和我已经达成共识，会在当天凌晨三点向美联社发送一份声明。在我们打车前往机场的路上到起飞之前的时间里，我都没去看一眼新闻头条。并非因为不感兴趣，我只是在想象比尔会从我的肩膀上方看着美联社的新闻，从报纸上得知我本应在昨晚告诉他的事情。一个人的好日子是另一个人的坏消息。

抵达波特兰后，我们驱车前往举办集会的剧院礼堂，我必须承认任何关于比尔的念头(还有希拉里和爱德华兹，乔·拜登和克里斯托弗·多德，丹尼斯·库钦尼奇和麦克·格拉韦尔)就那么消失了。空气中弥漫着令人颤栗的气氛，而这一切都是因为奥巴马。到场的有数千人，等我到达休息室与那个时刻的焦点人物会面时，他们告诉我，礼堂里预计已经拥进了一万三千人，都是为了来见他的。(我被告知披头士曾来这里演出过一次，他们聚集起了两万人。而他们有四个人。要我说，比起他们，我们也干得不错。)

你可以感到那种强烈的情感——还有“是的，我们可以”的喊话——传到了我们的等待区域，奥巴马来和我打招呼的时候，就连他的脸上都有一种“你能相信这派景象吗”的表情。

“所有这些人，都是来看我的!”我开了个玩笑。

他笑了起来，但当那一刻到来的时候，似乎连主持人都搞错了。“女士们，先生们，”他说，“让我们欢迎比尔·理查森州长!”

我排在了第一位，而且我必须承认，那阵欢呼真的很棒。

“以及巴拉克·奥巴马参议员!”

而这阵欢呼声简直震耳欲聋。

我们站到台上——一起，如他建议的那样，迎来了一阵热烈的掌声。是在那一刻，有一瞬间，我看到了这个国家的样子，而巴拉克·奥巴马肯定早就已经看到过了。一片年轻的、热切的、期盼着改变的美国人组成的海洋。少数族裔、青少年、在以前的集会上我从没见过的群体。他们的激动之情溢于言表。你都能用他们的能量来为礼堂的灯光供电了。

就算是在奥巴马示意我站上讲台的时候，欢呼声还在继续。"奥—巴—马！奥—巴—马！"我等了整整两分钟才能开口，但接着我还是说了自己为之而来的那些话：

"本周早些时候，"我开口道，"一位杰出的美国人发表了一次历史性的演说。"又掀起了一阵欢呼。他们知道我指的是谁。就在几天前，奥巴马针对耶利米·赖特引发的争议问题发表了现在被称为他的种族演讲的演说，大多数观察家认为那是他最令人信服的演说之一。很多人相信正是那次演说挽救了他的竞选。

"他可以发表一次更安全的演说，"我说，"他可以等着对赖特牧师谴责评论引发的争议平息下去……恰恰相反，奥巴马参议员又一次向我们展示了他是什么样的领袖。"

他是什么样的领袖呢？就算我们是在波特兰，我还是很乐意唤起针对伊利诺伊州又一名被载入史册的政治家的情绪。

"奥巴马参议员在整个国家发起了一场早就该来的讨论，拒绝让种族之间相互争斗……他的话语是一个果敢奋勇、引人深思、令人鼓舞的领袖的话语，他明白，一个自我分裂的国家是无法站住脚的。"

早在一周前，我就已经做好了决定，但奥巴马的演讲确实让我坚定了自己的想法。我做出了正确的抉择。

我接着赞扬了奥巴马从一开始就反对伊拉克战争的观点——他在当时就预见到了其他人要在很久以后才会意识到的问题；他对可

再生能源的拥护正是我关心的问题；他作为政治家的天生才能："在我们为总统之位相互竞争的那段时间里，我充分意识到了他坚定的爱国热情和令人惊叹的能力。"

然而，当我看向所有那些崇拜他的年轻人时，我明白他们早就认同了我的观点。终于，他们又欢呼了起来。就在那一刻，我脱离了自己的讲稿，因为我还有一个故事要说。一个他们还没有听过的故事。

"我还意识到，在这里站着的是一个真正的好人。我会告诉你原因。我会告诉你原因。我会告诉你原因。你们都看了那些漫长的、乏味的民主党辩论，没错吧？"

要是你看了那次发表公开支持的录像带，奥巴马显然清楚地知道我接下来要说的是什么。他看着脚下，害羞地笑了。

"在所有那些辩论里，我几乎都是那个没被要求发言的人！但有一次，我确实被要求发言了，而我就坐在奥巴马参议员旁边，我说：'我终于被要求发言了。'于是我转向他，我们稍微聊了几句。接着，突然之间，主持人——本该接着往下轮到那些还没说过话的候选人——又转回到了我身上，又问了我一个问题！好了，你们都知道了，我根本没在听！"

我说话的时候自己也笑了起来，引发了十倍于我笑声的哄堂大笑。

"于是我惶恐地转向了奥巴马参议员，就在我要对主持人说'你能重复一遍那个问题吗'之前，奥巴马参议员冲我轻声说了一个词。

"他靠了过来，他说，'卡特里娜。'"

* * *

巴拉克·奥巴马总统鼓舞了很多人。他也让某些人感到失望。

作为美国的总统，他肩负着让全世界最强大国家繁荣的使命，那样的压力已经足够符合任何人的期待了。

那是一个艰难的职位。

你试试在指挥全球最强大军队的同时，“恪守、维护和捍卫”宪法①。那可不怎么容易。

我不会对他任职总统期间的表现做出评判，他还有一整个任期要完成。然而，我支持他的大多数政策，曾经很多次在电视上强烈地为他辩护。我还在2012年支持了他的连任竞选。我可以这么说，我也会这么说：他以出色的谈判技巧奠定了自己通往总统之位的道路，尽管还有那么多对他持有异议的人。

太早了，他们说。他不同意，他证明了他们是错的。

他还太嫩了，他们说，直到他同时征服了民主党派和共和党派的美国人。

这个国家还没准备好迎来一位非洲裔美国总统，他们说，就算是奥巴马也不能改变这点。好吧，无论是否准备好了，他都来了。

是的，他可以。

作为一名候选人，奥巴马参议员跨越了暗礁密布的总统竞选中所有的潜在威胁——真的不少，从耶利米·赖特牧师到“地下气象员”② 到“你真讨人喜欢，希拉里”③ ——他所拥有的不仅是一个自信之人的沉着镇静，还有一个国际象棋大师般纵观全局的视野。

我在那里，我亲眼看到的。

---

① 这句话引自美国总统的就任宣誓词。——译者

② 美国的一个极左派反越战组织，从1969年到上世纪70年代中期，该组织发动过多次爆炸案、暴动和监狱骚乱。1973年美国从越南撤军之后，该组织逐渐衰落。奥巴马曾会见过两名前组织成员。——译者

③ 在新罕布什尔州的民主党内初选辩论时，奥巴马如此评价希拉里，引发了相当激烈的反应，认为这句话有故意贬低对手、抬高自己之嫌。——译者

我曾如此近距离地见识过他的慷慨——他在竞选辩论中拯救我的那次就是——我真的是在咫尺之遥的地方见证这一切的。他离我那么近，他完全可以伸手把我推下去。相反，他伸出自己的手，把我从流沙里拉了出来。

那是一次谈判的完美开端。在那一刻，他赢得了我的信任。那时我就已经看穿了他的谈判原则：积极应对，但别冷酷相待。

事实上，我总是不断地回顾那个卡特里娜时刻。我对他的俄勒冈崇拜者们是这么说的，“他可以把我丢下车去”——大多数政客都会那么做的。然而，恰恰相反，“他站在了我的身后”。掌声和欢呼声响彻了整个礼堂。对我那天公开支持的很多报道都特别提及了那个时刻。我理解那是为什么。那样的恩惠不是哪里都能看到的，而在政治领域则几乎是绝迹的。

在争取我的公开支持的整场战役中，奥巴马找到了正确的策略。他并未太过逼近，而是留给我充足的时间和空间，让我跟自己谈判，让我得出那个早已存在心里的结论。比起强硬的攻势，他给出了温柔的一击。他没有强求。他做出了引导。

而我跟了上去。

10

比利小子

法外之徒罗斯韦尔，拒绝给予死者最后的赦免

在任何任期的最后阶段，总会有一些收尾工作需要完成。整理桌子、清算账目、搞坏电脑，就为了跟下一个来就任的家伙捣乱。(要是有人问起，最后一条我是开玩笑的。)

但对决策者而言——也就是说，总统和州长们——和这项临时工作一起来的还有一份独特的达阵区①责任。在一个任期走到尽头的时候，依据美国《宪法》第二条第二款，总统“有权对违反合众国法律者颁赐缓刑及特赦”。他们拥有权力，也都使用了这项权力。乔治·华盛顿在1795年起了个头，第一次以总统身份特赦了菲利普·维戈尔(Philip Vigol)和约翰·米切尔(John Mitchell)，两人因在威士忌暴乱期间抗议酒类征税被判犯有叛国罪——并被裁处绞刑②。华盛顿是引路人；随着历史的展开，这个名为“美国”的年轻国家见证了越来越多的罪行，特赦也变得越来越普遍。仅在二十世纪就有超过两万次总统特赦。

各州也加入了这一行列。在四十余个没有特别指定的假释裁决委员会的州里，像我这样的州长同样有权宽恕那些违反合众国法律的

人，或对他们予以缓刑。这些通常都是生死攸关的事件。伊利诺伊州州长乔治·瑞安(George Ryan)和我的继任人、新墨西哥州州长托尼·安纳亚(Toney Anaya)都为每个被判死刑的囚犯提供了完全赦免。

公平来说，特赦几乎总是有争议的。起先犯人总是有充足的理由才会被送进监狱的——通常总是跟犯下了某项罪行有关——而且至少会有些人想要维持有罪判决。通常，特赦总会遭遇人情往来或党派偏帮的指责。隐藏其下的信念——自由赐予的恩惠让身而为人的我们更彰显出人性——是可敬而体面的。

但它会触动某些人的神经。

克林顿在卸任前特赦了金融家、逃税犯马克·里奇(Marc Rich)——按照当时美国检察官鲁迪·朱利亚尼(Rudy Giuliani)的说法，此人犯下了“美国历史上最为严重的逃税案件”——在那之后，他遭遇的所有指责和非难令他几乎难以招架。他肯定早就预见了这样的情况。里奇的妻子丹妮丝曾为共和党和克林顿图书馆投入了巨额资金③。或许里奇确实应该享有这次特赦，但特赦经受的责难也并非没有道理。

最不为人所知的总统特赦或许是针对某位总统本人的那次：杰拉尔德·福特(Gerald Ford)④特赦了他不光彩的前任——理查德·

---

① 即橄榄球中的“触地得分”区域。达阵得分是橄榄球比赛中最重要的得分方式。——译者

② 1791—1794年间发生在美国宾夕法尼亚州西部的抗税运动。美国政府为清偿独立战争中欠下的债务，由国会通过了一项对威士忌酒征收消费税的法案，引起西部农民极大不满，并采取了抗议措施。后政府征调军队进行镇压，最后有20名嫌疑人被捕受审，最后只有两人被判刑，而总统随后又对其进行赦免。——译者

③ 图书馆位于克林顿家乡阿肯色州小石城，于2004年开放，总耗资1.65亿美元。从1986年起，为减轻政府负担，总统图书馆都由私人出资建立，然后捐赠给政府。——译者

④ 美国第三十八任总统。1974年8月9日，美国总统理查德·M·尼克松辞职后，副总统福特继任总统。福特成为唯一一位根据美国《宪法》第二十五条修正案的规定继任总统的人。——译者

尼克松(Richard Nixon)——在水门丑闻中的犯罪行为[1]。“我确实相信,”福特声称,“责任就到这里为止了,我不能依赖公众意见调查来告诉我什么是对的……要是我错了,就算有十个天使发誓说我是对的也无济于事。”然而,最后,“我认为理查德·尼克松和他爱的人已经承受得足够多了”。有相当多的人对此并不赞同,但这就是总统的权力。或者说,在这件事上,是两个总统的权力。

总统特赦并不总是如此有争议的。每年,就在感恩节之前,美国在职总统会选择特赦一只火鸡,无论火鸡是否值得享有这份殊荣。(它们不可能都是无辜的,你说呢?)那还真是有趣,想到自从哈里·杜鲁门以来的每位总统都曾在火鸡堂里占有一席之地,实在是尴尬。

现在轮到我了。

在第二任也是最后一任新墨西哥州州长任期的最后阶段,我考虑要颁布的一次特赦将会产生远比任何单纯的“火鸡门”更为严重的反响。我宣布打算特赦一个名叫威廉·亨利·迈卡蒂(William Henry McCarty)的年轻人,此举成了我出任州长期间引发最多争议的行为。毫不夸张地说,迈卡蒂可能获释的消息在媒体,也在新墨西哥州和全国民众间引发了轩然大波。

为什么?因为威廉·亨利·迈卡蒂并不仅仅是威廉·亨利·迈卡蒂。他也叫威廉·邦尼(William Bonney)、亨利·安特里姆(Henry Antrim)和安特里姆小子(Kid Antrim)。

但他最为人所知的外号?

---

① 在1972年的总统大选中,为了取得民主党内部竞选策略的情报,1972年6月17日,以美国共和党尼克松竞选首席安全问题顾问詹姆斯·麦科德(James W. McCord, Jr.)为首的五人闯入位于华盛顿水门大厦的民主党全国委员会办公室,在安装窃听器并偷拍有关文件时当场被捕。由于此事,尼克松于1974年8月8日宣布于次日辞职,从而成为美国历史上首位辞职的总统。——译者

比利小子[1]。

* * *

比利小子伴随着我长大。说得具体点，孩童时期的我热爱所有与“狂野西部”[2] 有关的故事，喜欢跟朋友们玩警长和亡命之徒的游戏。出于显而易见的原因——毕竟，我的名字是比利，而我又是个孩子——在我们所有的后院枪战游戏里，我扮演的总是比利小子。就跟威廉·迈卡蒂一样，这个诨名也成了我的外号：比利小子。直到今天，我的姐姐和母亲都还这样叫我。就算是在几十年后，我进了国会，成了一名国会议员，夏威夷的尼尔·阿伯克龙比(Neil Abercrombie)，一个爱嚷嚷的家伙，每次在走廊里看到我时总会冲我大喊：“嘿，是比利小子！”(我的回答：“嘿，阿伯克龙比和菲奇！[3]” 没那么有历史底蕴，可是，拜托，那是我能想到的最好回应了。)

那么，比利究竟是什么人？这个小子，在林肯郡[4]战争中因枪杀了一名治安官而被判有罪。但他不仅仅是又一个狂野西部的神枪手。他是平民中的超级明星。人们为他写歌、拍电影。他是一个偶像、一个传奇，在很多新墨西哥州人心中，他要么是个恶棍、要么是个英雄。

在我即将离任时，他已经死了一百二十九年。

死后特赦并非闻所未闻。就在几周前，和我同年离任的佛罗里达州州长查理·克里斯特(Charlie Crist)特赦了吉姆·莫里森(Jim

---

① 比利小子(Billy the Kid，1859—1881)，美国西部传奇盗贼。——译者

② 原文为“Wild West”，指拓荒之前的美国西部。——译者

③ Abercrombie & Fitch，美国著名休闲品牌，与尼尔的姓氏相同。——译者

④ 新墨西哥州一郡名。——译者

Morrison)①，“大门”乐队的主唱。其时距离莫里森去世已有三十九年。据说，莫里森曾在 1969 年在迈阿密举行的一次演唱会上当众自我暴露。有关那起事件的说法并无定数，但无需过多揣测也能想象莫里森确实能做出那样的行为。尽管如此，克里斯特认为事情已经过去足够久了，恢复莫里森的名誉不会让他感觉不自在。这不过是最近的一个例子。美国总共发生过一百多次死后特赦，很多都给予了那些已遭处决的人。

我曾在 2003 年上任时提起过，为了一个特别的原因，我也许会有兴趣重审“比利小子”的案子。听说我的前任卢·华莱士(Lew Wallace)，比利短暂在世期间的新墨西哥州州长，也曾想过要特赦他，但出于未知的原因，华莱士从未颁布过这项命令。由我来调查这起案件，探究本应执行的正义是否遭到破坏，这(对我而言)似乎是势在必行的任务。

我从未想过这件事会挑起如此热烈的反响。由于比利小子的真实身份始终悬而未决，一向完全倚赖比利小子谜案来吸引游客的林肯郡治安官甚至发动力量挖出了比利和他母亲的尸体，以证明他们真的被埋葬在了福特萨姆纳公墓。当我表示支持这个一挖到底的(还真是这么说的)决定时，福特萨姆纳的市长——也许是半开玩笑地——警告：“要是想动福特萨姆纳可要先三思，州长。比利小子的粉丝们也许会朝你开枪的！”

幸亏我运气不错，一位法官裁定郡治安官不得挖开小子的坟墓，而我也决定放下这个案子。说句实话，作为全美第五大州的州长——我们可是“狂野西部”的主要组成部分——要管理这个地跨数万平方公里的地方，确保我深爱的家乡在我的管辖之下继续维持

① 美国传奇摇滚乐手，其作品大多与死亡、暴力等较为黑暗的主题有关。他 1971 年死于巴黎，死因至今不明，据称可能是吸毒过量。——译者

其“迷人之地”[①] 的名声，这就够我忙的了。

可我从没忘了比利。

*　*　*

2010 年，在即将结束自己的第二任——依据宪法也是最后一任——州长任期时，我开始考虑是否重提对比利的特赦。我不太确定。七年前，这个提议引发了正反两方面的强烈反响。我还应该再捅一次马蜂窝吗？

我之所以犹豫还有另一个原因。说句实话，尽管在任期内追索比利的生平以及衡量这样一起特赦的利弊给我带来了很大的乐趣——不夸张地说，我已经成了比利这方面的历史学家——我还是不确定我为之服务的人们会否觉得这件事太过愚蠢。从历史角度来看这是一件有趣的案子，当然了，但不过是个余兴节目。坦白说，作为州长，我已经有了这样的名声：对于民众的古怪提议，我也许太把它们当回事了。

比如说罗斯韦尔[②]。

就算是那些身处新墨西哥州千里之外的人都知道罗斯韦尔，一座位于新墨西哥州东南的城市，有着各种各样的神秘传说。一切始于 1947 年 7 月 7 日，据报告这起事件的区域警官描述，一些飞行物体——某些人会把它称作“飞碟”或是“飞盘”——在附近坠

① 新墨西哥州的别名。——译者

② 1947 年，在美国新墨西哥州罗斯韦尔市发生了不明飞行物坠毁事件。美国军方认定坠落物为实验性高空监控气球的残骸，当时尚属机密，因而没有当即公开细节；而民间则认为坠落物确为外星飞船，其乘员被捕获，整个事件被军方掩盖。发现地点罗斯韦尔亦被不明飞行物研究者推崇为研究“圣地”之一。2014 年 11 月 24 日又出现美专家放出解剖外星人照片，底片冲洗时间和 1947 年飞碟坠毁时间一致。——译者

毁。美国军方坚称那并非外国（或者外星）来袭，不过是一只气象气球，但由于那只气球是高级机密“莫古尔计划”[①] 的一部分，他们对此不能透露更多信息。但很多人——科学家和类似预言家的人——坚持那就是一只我们所谓的载着外星人登陆地球的不明飞行物。

2004年，就在出任民主党全国大会主席之后不久，我在一本书的前言中题写了一些在我看来着实无关痛痒的话：“围绕着此次坠毁事件的谜团从未得到充分的解释——无论是来自独立调查人员还是美国政府……显然，要是美国政府能够公开自己所知的一切，对每个人都有利……美国人民能够应对真相——无论事实有多荒诞或庸常。”突然之间，我成了不明飞行物拥趸的英雄，也成了此类事件怀疑论者的敌人。

在一片哗然中，我更想要突出的重点也许被埋没了：正是因为国防部对已经发生的事情不够坦率，才会引发类似这样的阴谋论。不管怎么说，从那些“那不是不明飞行物”的小群体的反应来看，你会以为我在写下那些话的时候是发了臆想症。我最偏爱的回应来自加利福尼亚州福德希尔大学的一名教授：“此举又一次证明了选举活动或就任高位并不能保证在所有人类思维领域的智慧。”

我不确定自己是否赞同智慧那方面的问题。我曾不止一次地提醒过罗斯韦尔商会的人，在你们这帮家伙这里发生的是一件了不起的事情。你们得把它炒火一点儿。由于某些我不知道的原因——对那些蜂拥到罗斯韦尔来寻找外星生命迹象的游客也是——他们对此相当敏感。

---

① 美国在1947年六七月间进行的一项绝密的军事试验，目的是放飞一些携带着雷达反射板和声音感应器的气球，利用这些气球探测苏联核子试验所产生的冲击波，以监视当时苏联的核子试爆。——译者

然而，确实，在我为就任副总统前接受审查时，审查员把所有人都叫了过来，问我是不是一个相信不明飞行物的疯子。

那么，还是那个问题：我是否应该在卸任州长之位前，下定决心去挑起关于一个鬼魂的回忆呢？每个直接参与过比利小子事件的人都早就不在了。我担心要是自己决意重新考虑特赦“小子”这件事，很快我的反对者们就会把显灵板①寄到州长办公室来了。不出所料，我的反对者，对我抱有敌意的继任人苏珊娜·马丁内兹(Susana Martinez)试图在她即将接掌州长之位前，通过声称她不会在此类琐碎问题上投注精力来赢得一些好感，认定对“小子”的特赦会是“浪费时间”。但我很容易就能驳回她的抱怨：她不理解，也不懂得欣赏这件事深植于新墨西哥州文化和历史脉络中的意义。

这是我的选择，我一个人的选择，我无法控制自己不去想。谁知它竟会导致我一生中经历过的最剑拔弩张的私人谈判之一。

* * *

在持枪行凶罪行处于最顶峰的时刻，比利小子事实上就是那样一个人：一个孩子。但人人都说起初他是一个遵纪守法、行为端正的孩子，别人让他做什么他都会去做，也尊敬长者。据说他的第一个雇主——比利十四岁时，他的母亲去世了，一家社区旅馆的经理接纳了他——惊讶地发现比利没像其他孩子那样从他那里偷东西。比利小子只是一个孩子的时候，他是一个顺从的、令人愉快的、被收养的孩子，绝不会造成任何麻烦。

---

① 人们假设能够接收到精神方面信息的一种工具，板上刻有字母和其他符号。首先将一块被称作“占卜写板”的三条腿的三角形小片放在显灵板上，然后两个人面对面位于显灵板两侧，每人各问一个问题。当他们将指尖停留在占卜写板上时，板就可按照自己的意志四处移动，并最终指向一个可给出答案的标记。——译者

好景不长。

几年后，据说是受在廉价商店买来的小说里读到的犯罪行为影响，比利因偷窃芝士在格兰特县遭拘捕。在那件事之后几个月，他再次被捕，起因是在他身上找到几件一家中国洗衣店被偷走的衣物。他大胆地从监狱的烟囱里爬了出去。自他越狱的那一刻起，传奇诞生了。

从那一刻起，他就在不停地逃跑。

有时，比利既是执法人又是违法者，把无辜的人和罪有应得的人统统杀害。他的纪录或许在一再重述中被夸大了：传说他杀了二十一个人——在他的一生中，平均一年一个，他本人也在仅二十一岁的时候遇害。根据他的一份死亡报告描述，他在无意中闯入了福特萨姆纳一间黑暗的房间，帕特·加勒特(Pat Garrett)，林肯郡的新任治安郡长，刚巧坐在里面。在微弱的光线里，比利问道："是谁?"[①]加勒特认出了"小子"的声音，开了两枪。其中一颗子弹击中了比利身后的墙，另一颗击中了目标。

比利小子从没来得及成为"男人"比利。

但他的传奇萦绕了一个世纪。尽管比利的连续杀戮行为始于亚利桑那州，但新墨西哥州一向理所当然地认为他是属于我们的。咳咳，在我的州长任期内，在我们州的官方网站上推广了为期六天的"比利小子自助游"，路途的终点是福特萨姆纳一个勾起回忆的名为"臭泉"的地方，加勒特就是在那里最终抓住了他要找的人。(要是我们能专注于罗斯韦尔的商业化该多好!)

于是，作为新墨西哥州的州长，我有一种特别的责任感，觉得自己应该去考虑是否要为"小子"颁布一项特赦。州旅游协会并不希望我那样做。他们认为我会妨碍到旅游业；他们尤其担心我们或

---

① 原文为西班牙语。——译者

许将不得不挖开小子的坟墓，就连他们都承认他有可能不在那里。考虑到那点，我的想法很难被推动。

但我不断重新提起一个令人信服的理由来推动整件事：州长卢·华莱士的承诺。

事情发生的时候，华莱士本人和比利一样让人印象深刻。他是同盟军的一位将领，也是美国在奥斯曼帝国的外交使节。后来他又写作了《宾虚》，十九世纪最畅销的长篇小说。这份履历可不容小觑。

在比利死之前——至少大多数的说法是这样的——两人达成一项协议，"小子"会举证其他参与了林肯郡战争的人；作为回报，他会得到完全的赦免。据说，华莱士说过这样的话："作为你这样做的回报，我会毫发无伤地放你走，给你所有的犯罪行为颁布一项赦令。"在"小子"的所有罪行中，有一项比其他任何罪名都更需要特赦：他杀害了林肯郡治安官威廉·布雷迪（William Brady），为此他被判处绞刑。

然而，华莱士从未兑现这个据说存在的承诺，"小子"继续着他逍遥法外的生涯。我不得不回答这个问题：他的口袋里是不是还揣着那项赦令？

按照大多数人的说法，华莱士做出了承诺，尽管没留下任何书面证据。"传言证据"的优势就在于此。作为新墨西哥州州长——华莱士也曾执掌过这一职位——我觉得确认这个承诺的真实与否是我的责任，以及，要是它是真的，为什么没被兑现。要是华莱士确实做出了那个承诺，现在我是那个坐在州长办公室里的人，因此我有权决定是否要兑现它。2010 年，就在离任前几个月，我宣布会郑重调查这件事。我甚至暗示我们也许会大张旗鼓地弄出点动静来找点乐子：在鲁伊多索的"比利小子"展览上举行一次模拟审判，演员将会穿着那个年代的服装——凡是你能想到的都应有尽有。兰迪·麦金尼(Randi McGinn)，新墨西哥州最杰出的庭审律师，同意无偿接手这个案子，为比利小子的特赦进行辩护。英国广播公司来问他们能否进行拍摄。我们要好好小题大做一番。

接着，情况变得一团糟。

坦白说，我从没想过会受到那么多的注意，我以为这不过是一次有趣的对历史的还原。我确实想到了当地人会对此感兴趣，但我们接到了来自柏林、东京、莫斯科、南非和南美的电话。“比利小子”激发了全世界的热情。带着枪，决意远行，是啊。

当然，在本地，“小子”不仅是一个传奇。加勒特和华莱士的名字也不仅是教科书索引里的名字。对某些人来说，他们是有血缘关系的人。“曾祖父。”“曾叔父卢。”尽管并非所有那些声称与“小子”的关系都是真实无欺的，还是有相当多的新墨西哥州人表现出了符合其身份的关注。最终，在一片“此类表演也许是不恰当的”指责声中，我们放弃了模拟庭审的想法。但我坚持我们应该考虑对“小子”进行特赦。

谈判开始了。

* * *

事实上，是两次谈判。第一次谈判的对手是我自己：我必须判断是否相信华莱士确实为“小子”提供了豁免作为交换。我还需要搞清楚，为什么这项承诺没被兑现。

“我必须和自己谈判”这句话听上去也许有点奇怪，但有时候事情就是那样。我并非和想象中的自己隔桌对坐(或是隔着盛有烤羊肉的盘子)。但那是真实合理的：因我做出的决定，会面对怎样的后果？我会得到什么？我会失去什么？我不确定你是否在很多时候和自己有过这样的内心对话。要在你自己的心里“赢下”一场僵局的秘密是什么？对我来说，那就是要坦诚地面对各种事实因素，以及这些因素会造成的影响。内心交战的时候，很难做到客观，但你必须贯彻到底。

第二次谈判的对手是社区。仅仅提到我可能会特赦比利就引发了大量的负面反响，不只在新墨西哥州，这也成了全国的一个重大新闻事件，而我开始受到来自各方的压力。

说句实话，不能说这些游说对我的决定有帮助，因为我得到的两方面反馈基本持平。有多少人支持就有多少人反对。全国性媒体上的专栏意见也分裂成了两派。汉普顿·塞兹(Hampton Sides)在《纽约时报》上写道："无论他是否得到了法律上的无罪协定，'小子'都是一个暴徒。"他还质疑道，在"太阳能和风能、电影制作和轻轨投资等方面迈出了至关重要的几步"之后，我是否突然"丧失了理智"。就算我再怎么不上心，也知道这是一个对特殊情况或重现历史的优点毫无意识的历史学家的观点。在海岸的另一边，"小子"的传记作家马克·李·加德纳(Mark Lee Gardener)为《洛杉矶时报》撰文称："协议就是协议，一百二十九年的时间也不会改变这一点。比利应该被特赦。"

私人情绪开始渗入这件事，这也可以理解。我接到了来自帕特·加勒特，那名最终将比利枪杀的警官后人的消息。在一封信里，他们阐明了自己的立场。"要是比利小子现在生活在我们之中，"他们问道，"你会为一个以偷盗为生的人，而且更恶劣的是，杀害了四名执法人员和其他人的罪犯颁布赦令吗？"说的没错。他们还提出了一个令人玩味且具有说服力的例证：要是我赦免了比利，那不就是在暗示他们的先人杀害了一个(至少是相对而言的)无辜的人吗？

就第二点来说，我小心地向他们保证那不会是我的结论，而我的副总参谋长对此说得相当清楚："我们认为帕特·加勒特是一位真正的西部英雄。”

我们和那名被杀害的郡治安官威廉·布雷迪大家庭中的五名成员进行了一次友好的、礼貌的会面。然而，他们在一份媒体声明中十分明确地表达了自己的观点：要是我赦免了“小子”，他们就要举行一次抗议行动，抹黑我的名声。我不是害怕了，但我承认的确听到了他们的意见。那似乎有点过分，但他们引起了我的注意。

我也听取了卢·华莱士后人的意见。威廉·华莱士（William Wallace），前《纽约时报》记者，也是州长的曾孙，称“没有任何理性原因”表明应该颁布一次特赦，而且此举会让他的曾祖父从一名西部传奇英雄堕为一个“不光彩的骗子”。这两种说法我都不同意。我对所有证据都做了细致而理性的清查，绝不会对前州长造谣中伤。但我也十分乐意将华莱士发自内心的观点纳入考量。他写道，要是我特赦了“小子”，我的行为会“玷污、败坏、贬损和中伤”他的曾祖父。尽管我赞赏他押头韵的本事①，但对其表达的细节我绝不赞同。

兰迪·麦金尼，那位曾同意免费为这起案件辩护的尊敬的律师，同样来对我进行了游说。她认为有必要重新审视一个问题，即卢·华莱士是否真的和小子达成了一项未被实行的交易。她的论点？“承诺就是承诺，应该被执行。”她写道。

有趣的是，我还听取了来自全州和全球的意见，那些人都自称是比利小子的后裔。在缺少基因配对的情况下，他们的说法不容易被证实，也很难采信。没有记录表明比利在他二十一年的人生中有过任何孩子。尽管我承认那是可能的；我猜那取决于他的西部生活到底有多狂野。

理所当然地，公众也对这件事表达了他们的看法，而我乐意聆

---

① 以上使用的四个词在英语中均为 D 开头。——译者

听。我的办公室一向秉持听取任何意见的传统——或许比大多数州长愿意听取的都要更多。我甚至实施了一项名为“与州长的五分钟”政策。在任职期间，每两个月一次，我会在上午和下午各拨出三个小时，让每位普通的新墨西哥人都能走进来，和我就他们关心的任何话题进行协商。(即使在担任国会议员期间，我也同样对普通民众敞开大门。我曾在一天里出席了十二次市政会议，此举激怒了阿尔·戈尔[①]，他一向自傲为最平易近人的政治家，而我最终出席的市政会议超过了任何一名国会议员。)大多数对谈都跟罗斯韦尔阴谋论和对比利小子的特赦有关。我记得有个人认为他们两者之间存在关联。(我记不得具体的细节了。也许是“小子”击落了不明飞行物？就像我说的，几乎任何人都能到我的办公室来，无论事实证明他们是否患有妄想症。)

这跟我在这本书里已经叙写过的任何谈判都不同。最主要的不同在于，在那些要求面对面进行的谈判过程中，双方都在寻求一个特定的结果。而这要求他们制定各自不同的策略。在这件事上，作为州长，我的选择会决定既定情况下的最终结果。我有着最终决定权，这意味着每个人都必须来找我。不同立场的各方——事实上，是几千个单独的人——都想要表达自己的看法，以各自不同的方式。这就是领导跟他们领导的人民“谈判”的方式。我必须倾听，再倾听，不断地倾听。各方面的说法都是合理的，而且他们都自有其重要性。假如这就是我作为新墨西哥州州长的最后一项行动，我可不打算草草了事。

新年的钟声即将敲响，我作为州长的最后一天就此来临，我们打开了州政府网页上的公共评论版块。超过一千人表达了自己的看法，尽管倾向于特赦的人数略微胜出，公众间基本持平的两派意见

① 美国前副总统。——译者

并不能让我的决定变得轻松多少。新墨西哥州人想要原谅，或许是作为一种不要遗忘的方式。讽刺的是，起初不过是一个有趣的唤醒历史的动作逐渐演变成了对我真实的压力。我仍旧乐在其中，但这件事已经变得严肃起来了。

我最亲近的两名顾问，埃里克·威特和阿拉里·雷-加西亚(Alarie Ray-Garcia)伴我走过了这一路。我们三个人考虑了每个角度，我们都不再只是业余的比利小子专家了。但就算在他们之间也产生了分歧：埃里克主张部分特赦(“比利被骗了”)，而阿拉里则表示反对(“华莱士肯定出于某种原因改变了他的想法”)。我要求他们做好记录，列举出自己最有力的论点。两人都很公正，也有说服力。埃里克认为华莱士的口头允诺就是一次真正的、不容更改的特赦。“你的话语就是你的约定，”他写道，“那不会随着时间而改变。”尽管如此，他支持仅仅部分特赦杀害威廉·布雷迪的行为，指出“他会为自己的其他行为被地狱之火焚烧”。

阿拉里试图打柔情牌，解释说，“我是一个新墨西哥本地人。请别篡改我们的历史。”她还一针见血地指出我本人在历史上的地位。“(比利小子的)故事的偶像色彩和传奇性太深入人心了，”她写道，“我认为没有人应该破坏它——就算是你。”

我忍不住笑了起来。他们太了解我了。

全世界都在看着。我知道没法再把精灵赶回瓶子里去了，因此，乔治·斯特凡诺普洛斯(George Stephanopoulos)①打电话来问我能否在《早安美国》②上宣布对特赦的最终裁决时，我同意了。只剩下几个小时了。我还是不知道自己要说什么。

---

① 克林顿执政时负责白宫政策和政治运作的总统高级顾问。——译者

② 美国广播公司于 1975 年 11 月 3 日开播的晨间新闻与访谈类综合节目。——译者

我们在12月30日关闭了办公室。那天晚上，我带埃里克和阿拉里出去吃了晚餐。我不记得我们吃了什么，但清楚地记得我们谈论了什么：比利，当然了。接着我们回到州长办公大楼里，继续考虑这件事。大部分家具都已经被搬了出去，但我们还是找到了几把椅子，再一次辩论着这个决定可能引发的正反两方面的态度，直到深夜。午夜临近，时钟敲过了十二点，12月31日到了——清算的一天。我知道必须在清晨三点半起床，才能及时赶上《早安美国》的采访。说句实话，我把脑袋搁到枕头上的时候，还不确定自己接下来要怎么做。也许，我暗自希望，几小时的睡眠能让头脑清醒过来。

为了做好准备，我们起草了两份新闻稿——一份宣布特赦，一份否决特赦——就跟竞选总统的候选人通常会在大选日准备两份讲稿差不多，一份为胜出，一份为败北。我甚至要求起草一份官方赦令，那样，要是我成功了，事情就能被迅速处理好。（而且，考虑到州长办公室已经被关闭，我担心我们没法在"友谊地久天长"①之前办完这件事了!）

第二天早晨，我做好了决定，但没跟任何人提起我的打算。就算是最信任的副手埃里克·威特都不确定我的想法。"我看到你在电视上，我知道你要那么做了。"他后来对我说。

我没那么做。

事情的走向是：我没赦免比利小子。尽管我倾向于完成华莱士未尽的工作——而且我确实得出了结论，认为他做出过赦免的承诺——但我没能忽视一些事实。首先，尽管华莱士许诺了特赦，但他从没颁布这项命令。为什么不呢？我必须假定出现了其他导致特赦无法执行的情况。或许就比利这一方而言，交易要求他做的还不

---

① 在新年到来时，大多数欧美国家都会播放这首歌祝贺新年。——译者

只是举证，或许他没能履行所有的义务，又或许比利违反了特赦的其他条件。这一切都无从得知了。第二，在华莱士违背了特赦的承诺后，“小子”认定不会再有特赦的希望了，他在又一次从林肯郡监狱大胆越狱的过程中再次杀害了两名无辜的警官。我的特赦当然不是为了那些杀戮，但公众似乎对此有所混淆，很难向我遇到的每一个人解释清楚。这也对决定产生了影响。

因此我宣布了自己的决定。“双方的意见都很接近，”我对美国广播公司的通讯员比尔·韦尔(Bill Weir)说，“我关注这件事八年了。”尽管“浪漫主义的情绪让我想要颁布一项赦令……事实和证据却不支持这个想法”。最后，这个有着多个名字的人，威廉·亨利·迈卡蒂、威廉·邦尼、比利小子，他也许是新墨西哥州最大的招牌人物，但他同样也是一名杀人犯。

尽管我一开始启动这项程序的部分原因是认为它会很“有趣”，在我的官方声明里，我们试图尽可能向牵涉在内的各方表达应有的敬意，但我们依然注意到这个传奇还在随着我们的关注而不断膨胀。“比利小子没有死去，”我们写道，“直到今天，他都依然活在文化、历史和公众的想象里。不仅是在新墨西哥州，在全国和全世界都是……然而，特赦是严肃的事。要是有人想重写如这件事一般著名的篇章，最好能掌握确切的事实材料、环境因素，以及那些牵涉在内的人的动机……重点是，我不能确定。没人能确定……因此，此刻，我所处的位置不容许我为比利小子颁发一项赦令。历史依然无法被改写。”

因此，我猜这确实是官方的：你可以在我曾与之谈判过的知名人士的名单上加上一个已不在人世的枪手。如你所见，这本书里所写到的每一个境况都教会了我很多。我希望你也能从中学到点什么。我很小心(有时也感到懊恼)，要在为你们展现成功的同时也让你们看到令人尴尬的错误。直到现在，“比利小子”这件事对我还是有特别的意义，大部分是因为我相信自己在那件事上从头到尾都没做错——包括，这么说吧，最后维持绞刑原判的决定。

或许这是本书的最后一课了。在你和任何人谈判过后——同事、敌人、朋友、家人、不太正常的邻居——你总会忍不住回顾当时的情况，对最后的结果产生怀疑。即使你“赢了”，你是否有可能做得更好？要是你没得到自己想要的，是哪里出了错？记住，后见之明可没什么错，那样你才能学到东西。

而且，嘿，那样你才能得到一肚子的好故事。表面看来，谈判或许是一个非黑即白的过程。但相信我，多姿多彩的生活要好得多。

时至今日，很多人还是认为比利小子拿到了一次法律上的交易。有一个人的行为让我印象尤其深刻。在新年第一天的早晨，埃里克·威特和我去吃早餐，在我最喜欢的地点之一，圣菲的提亚·索菲亚饭馆。我坐在那里，如释重负，因为我终于做出了决定。而且，说实话，在八年的州长任期过后，我有点儿筋疲力尽了。就在这时，一位老人悄悄地走到了我身边。他是一个真正的西班牙老人①，几乎是你能找到的最纯正的新墨西哥州人。从他脸上的皱纹来看，我甚至想说他是比利的同代人了，尽管那是不可能的。他的话里没有恶意，只有一个已经活了很久的人才有的那种确定。他简单地说了一句，“我觉得你应该赦免他的。”我礼貌地点了点头，没有反驳他的话。

仅这一次，我选择了不去谈判。

老人蹒跚着走开了，尽管当时是早晨，但我相当肯定他走进了落日里。

---

① 原文为西班牙语。——译者

致　谢

州长比尔·理查森

在准备本书的过程中，我想向我的合作者，凯文·布莱尔(Kevin Bleyer)特别致谢，为他无与伦比的技巧和无尽的人格魅力。我想感谢我的编辑，麦克·齐默尔曼(Mike Zimmerman)，为他的鼓励、实事求是以及确保一切都能按时进行的特殊才能。我会永远感谢我的朋友和“密探”马克·阿德尔曼(Marc Adelman)，是他把我和罗代尔出版社拉到了一起。

言至于此，我必须感谢罗代尔家族和罗代尔图书出版社的团队：玛丽·安·那不勒斯(Mary Ann Naples)、詹妮弗·莱维斯克(Jennifer Levesque)、卡拉·皮利卡迪斯(Kara Plikaitis)、南希·贝利(Nancy Bailey)、南希·埃尔金(Nancy Elgin)、叶莲娜·内斯比特(Yelena Nesbit)、阿里·莫斯特尔(Aly Mostel)和布伦特·加伦伯格(Brent Galenberger)。

此外，我还要感谢我的前助理和顾问们，他们为本书提供了极富价值的回忆材料：卡尔文·汉弗莱、瑞贝卡·加盖、米基·伯格曼、麦克·斯特拉顿、埃里克·威特、托尼·纳姆昆、阿兰·奥利弗(Allan Oliver)和阿拉里·雷-加西亚。还有我信赖的助理凯特琳·凯莱赫(Caitlin Kelleher)，自去年开始写作这本书起她一直辅助在我身旁。

必须感谢我亲爱的、给予我帮助的朋友们：布莱恩·康迪特(Brian Condit)、玛丽·布洛菲(Mary Brophy)、布鲁克·兰格

(Brooke Lange)、纳科·巴斯克斯(Nacho Vazquez)、彼得·舍恩堡(Peter Schoenburg)、兰迪·麦金尼、杰·罗森布鲁姆(Jay Rosenblum)、格雷格·克雷格(Creg Craig)、鲍勃·雷德福(Bob Redford)和布雷·雷德福(Bob Redford)、克里夫·斯隆(Cliff Sloan)、玛格丽·克劳斯(Margery Kraus)、戴夫·孔塔里诺(Dave Contarino)、贾尼斯·哈特利(Janis Hartley)、迈克·麦克拉蒂、斯蒂夫·科曾(Steve Cozen)、阿曼达·库伯(Amanda Cooper)和曼纽尔·桑切斯·奥尔特加(Manuel Sanchez Ortega)。

最后，要不是有三位了不起的女性的帮助，我绝不可能写作完成这本书：我的妻子芭芭拉、我的姐姐维斯塔(Vesta)，还有我于去年去世的母亲玛利亚·路易莎(Maria Louisa)。

凯文·布莱尔

无论如何，都要感谢这位了不起的谈判专家自己，比尔·理查森，一位娴熟的叙述者，一个真正的知己、好朋友和不知疲倦的向导。

要把所有为本书写作提供帮助的人罗列出来未免有些可笑，但我就是这样一个傻瓜：感谢伴随我们一路走来的米基·伯格曼、约翰·德勒里(John Delury)、贾里德·科恩(Jared Cohen)、索菲·施密特和埃里克·施密特。感谢多年来一直全心投入的工作人员和顾问们，包括凯特琳·凯莱赫、阿拉里·雷-加西亚、埃里克·威特、布鲁克·兰格、瑞贝卡·加盖、阿兰·奥利弗，以及可敬的卡尔文·汉弗莱。感谢州长可爱的妻子芭芭拉，感谢她提供的美味食物和有趣故事。感谢编辑麦克·齐默尔曼和罗代尔团队的精确修正和精心编校。还要感谢斯特芬·珀赖因(Stephen Perrine)和马克·阿德尔曼，感谢他们首先想到让我来参与这个项目。感谢菲德尔·卡斯特罗、乌戈·查韦斯、萨达姆·侯赛因、金氏家族的三名成员、平壤的女司机们、比利小子、罗斯韦尔的外星人，以及出现在本书中的所有专制者、领袖和明星，因为再也想不到会有另外一本书让我有同样的机会向他们致谢了。也许在续集吧。

图书在版编目(CIP)数据

白宫谈判专家的十堂课/(美)比尔·理查森(Bill Richardson),
(美)凯文·布莱尔(Kevin Bleyer)著;杨懿晶译.
—上海:上海译文出版社,2017.3

ISBN 978-7-5327-7324-4

Ⅰ.①白…　Ⅱ.①比…②凯…③杨…　Ⅲ.①谈判学
Ⅳ.①C912.3

中国版本图书馆 CIP 数据核字(2016)第 176611 号

图字:09-2015-036 号

白宫谈判专家的十堂课
[美] 比尔·理查森　凯文·布莱尔 著　杨懿晶　译
责任编辑 / 范炜炜　装帧设计 / 未氓设计工作室

上海世纪出版股份有限公司
译文出版社出版
网址:www.yiwen.com.cn
上海世纪出版股份有限公司发行中心发行
200001　上海福建中路 193 号　www.ewen.co
上海信老印刷厂印刷

开本 890×1240　1/32　印张 7.5　插页 2　字数 145,000
2017 年 3 月第 1 版　2017 年 3 月第 1 次印刷
印数:0,001—8,000 册

ISBN 978-7-5327-7324-4/I·4464
定价:45.00 元